嫌われる人の話し方、好かれる人の話し方

渋谷昌三

WAC

まえがき　会話とは「人間性のやりとり」なのです

私たちは、毎日、だれかと話し、だれかの話を聞き、それに応えて、また話す……そういう会話をさして意識することもなくくりかえしています。

けれども、無自覚な「たったひと言」で、あるいは「言い方ひとつ」で、この人はこんな人だったんだ……と思うことがあります。「微妙なニュアンス」を感じ取り、その人の印象が強く刻印されることもあります。

それは大まかにいえば、その人の「温かさ」か「冷たさ」か、です。言葉の内容とは別に、私たちは、相手の話し方の「ニュアンスひとつ」で、その人が「温かい人」か「冷たい人」かを判別しているともいえます。

これは立場を換えても同じです。あなたが相手に感じたように、相手もあなたの言葉から「微妙なニュアンス」を感じ、これまでとは違う印象を持つこともあるでしょう。

たとえば、夕方、仕事場の先輩に「帰りに、ちょっと飲もうか」と、居酒屋に誘われたとします。そのとき、

「いいですよ」

と平坦に答える人もいれば、

「いいですねえ！　行きましょう、行きましょう」

と笑顔で答える人もいるでしょう。

どちらも「情報のやり取り」としては同じ内容です。

けれども、前者は、少し事務的なニュアンスがあり、とっつきにくい印象もあります。後者は、誘われるのを待っていたかのような弾《はず》んだ気持ちが伝わります。先輩にしてみれば、「誘いがい」があるのは、後者でしょう。楽しい宴になりそうな予感があります。

ちょっとしたニュアンスの違いで、先輩の気持ちは華やぎます。答え方ひとつで、その場の空気を明るいものにします。

話し方ひとつで、「つきあいやすそうな人だ」と思われることもあれば、「この人、

なんとなく好きだなあ」と感じてくれる人もいます。一方で残念ながら、たったひと言で「イヤな感じ」と思われ、評判を落とすこともあります。

そう考えると、会話というのは、単に「情報のやりとり」というのではなく、むしろ、「人間性のやりとり」のようにも思います。

もちろん多くの人たちから好かれ、温かく迎え入れられ、職場では「仕事ができそう」と思われたいですよね。

そのためには、「話し方の練習」が必要になります。

話し方というのは、いわば「技能」です。

自転車に乗れるようになったり、早く泳げるようになったり、絵をうまく描けるようになる技能と同じですから、日々のトレーニングが大切になります。

話し方もトレーニングしていくうちに、確実に上達していきます。それに伴って、人生はよい方向へと向かっていきます。いい会話というのは、その内容はもちろんですが、「いいニュアンス」が行き来していることが大切です。

いい人とは、どんな人なんだろう……と思います。

それは多くの場合、いい話し方をする人ではないでしょうか。いい話し方には、いいニュアンスが伴っています。

仕事ができる人って？　それは、しっかりとしたビジネス会話ができる人です。その人の話し方からは、それに応じたニュアンスが伝わってきます。

そのような人たちは、話し方の練習を重ねながら、人間性を磨《みが》き、人づきあいや、仕事のスキルを上げていったのではないでしょうか。

ちょっと不用意な言い方であっても、少し「言い方を換える」だけで、相手は喜んだり、やる気が出たり、プラスの効果が生じることはよくあります。

言い方ひとつで、相手の緊張が和らぎ、会話がはずむこともあります。言葉の本意が捻《ね》じ曲げられることもなく、すっきり伝わるのも「言い方次第」です。

「言い方ひとつ」で、自分自身にも大きな影響を及ぼします。

ふだんは無口な人でも、たったひと言でまわりの人たちに「私と気があいそう」と思われたり、「目立たないけど、頭のいい人なんだな」と思われたりします。その意味で、世の中で自分を生かすも殺すも「言い方次第」ということになります。

読み進めるうちに、あなたも無意識のうちに使っている不用意な言い方があることに気づくはずです。それがわかっただけでも、あなたの収穫だろうと思います。

本書では、その言い方によって評価されたり、いい空気をつくったり、人に親しみを抱かせたりして、自分にプラスに作用するものを「○」、そうでないものを「×」と大まかに分類し、わかりやすく解説するようにつとめました。

ぜひ、「○」の言い方を身につけて、日々の「人づきあい」を益あるものにしてほしいと思うからです。

令和六年七月

渋谷昌三

嫌われる人の話し方、好かれる人の話し方

◎目次

第四章 「ポジティブな言葉」に言い換える

第五章 「聞き上手」が会話をリードする

本書は二〇二一年に刊行した『好かれる人は「すごく」「とても」の使い方がうまい』(WAC BUNKO)を改題・再編集したものです。

装幀　須川貴弘(WAC装幀室)

第一章

「言い方ひとつ」で人に好かれる

1 「私はこう思う」とやわらかく伝える方法

上手な話し方のコツに、「Iメッセージ」があります。

「私はこう思う」という形で、自分なりの意見なりアドバイスなりを伝えるのです。

「YOU《ユー》メッセージ」は、「あなたは、こうするのがいい」という話し方で、これは相手に「押しつけられている」といった印象を与えます。

夫婦でデパートの紳士服売り場で買い物をしているとします。亭主が「この服、オレに似合うかな?」と奥さんに相談する。奥さんが、

×「あなたには、そんな派手な服、似合わないわよ」

このようなYOUメッセージで、しかも否定的な言い方をすると、亭主はムカッときて、不愉快になります。

これは、「あなたには無理」「あなたには、できっこない」「あなたには、ふさわしくない」といった言い方に通じます。

○「私には、ちょっと派手に見えるけど」

このIメッセージには「押しつけがましさ」がなく、やわらかい印象があります。

しかも、Iメッセージは自分個人の意見を伝える話し方ではあるのですが、相手の耳には意外と「世間一般の、たくさんの人たちの客観的な意見」を聞いている印象が残るから不思議です。

「あなたは」という話し方は、そう口にする本人は客観的に見た意見を伝えているつもりかもしれませんが、相手の耳にはむしろ「押しつけがましく」聞えてしまいます。

ですから、「それは、おまえの（主観的な）見方だろう」と反発されやすい。

「あなたは」（YOUメッセージ）で意見をぶつけ合うのではなく、「私は」（Iメッセージ）で会話を丸くまとめていってこそ、穏やかな関係が保てます。

「YOUメッセージ」の言い方はケンカの原因になりやすい。「Iメッセージ」の言い方に換えると、穏やかな関係になる。

2 相手のプライドを「傷つけない話し方」の基本形

残業しなければならなくなった同僚に、

×「あなた、仕事が終わらないの？　大変そうだから、手伝います」

○「私、仕事が早く終わったの。今日は予定もないから、手伝います」

前者が「YOUメッセージ」、後者が「Iメッセージ」です。

同僚への親切心から出た言葉なのでしょうが、相手が受け取る印象は異なります。プライドの高い人なら「仕事が終わらないの？」という言い方にひっかかり、「それって、私は仕事ができないっていう意味？」と勘繰ります。「大変そうだから」という言い方から「私を憐《あわ》れんでいるのか」と反発されます。相手のためを思って「手伝います」と申し出ているのに、残念な結果になりかねません。「あなたのために、よかれと思って言ったのに」……でも、それが相手を怒らせてしまうことはよくありますね。

いずれにしても、「YOUメッセージ」は、とかく誤解を招きやすいのです。

「あなたは」という言葉づかいから、相手は「この人は私を見て、私を何かしら評価している」という意識を強くもちます。「見られている意識」とでもいっておきましょう。「相手→自分」という意識ベクトルで、そこには「自分が低く見積もられているのではないか」という誤解が生じやすいのです。

一方の「Iメッセージ」なら、「そうか、この人は仕事が早く終わったのか。退社後の予定もないのか」と思うだけで、「見られている意識」は働きません。むしろ、こちらから「見ている意識」が働き、「自分→相手」と意識ベクトルは逆になります。心理的な立場が「評価される側」から「評価する側」に逆転します。

ですから、「私は仕事ができないと思われている」「相手が私を憐れんでいる」といった思いは浮かんできません。これが、相手のプライドを傷つけない、ちょっとした言葉の心理テクニックになります。

「あなたは」という言い方より、「私は」という言い方を多くしていこう。

3 人の頼みを断るときは、具体的な理由を伝える

人に何かを頼まれて、それを断るときには「より注意深く」ありたいものです。断るときの言い方で、その人の印象が、よくも悪くも「強く残る」からです。

職場の同僚に「この件なんだけど、今、いい?」と話しかけられたとします。

×「今、忙しいから」と、相手の顔も見ない。

×「山田さんに聞いて」と、第三者に振る。

どうですか。いかにも、つっけんどんな言い方になってしまいます。

確かに手を離せない状況なのでしょうが、「忙しい」という言葉を使わない言い方をしたほうがスムーズにいきます。

「今、取引先さんに、早く報告書を送れって言われていて、手が離せなくて」

具体的に「こういう理由で、話を聞いていられる状況ではない」ということをしっかり説明しておくのが正解です。

職場では「具体的なものの言い方ができる人」は信頼度が高いといえます。まわりとの人間関係もうまくいきます。

○「二時には終わるけど、その後でもいい？」

「今、いい？」を断るときにも、「三時ごろでいい？」と、具体的な時間をあげておくのがいいでしょう。

「山田さんに聞いて」と、誰かに話を振るときにも、

○「この件なら、私よりも山田さんが詳しいよ。担当が長かったから」

と、きちんと説明しておくのが適切です。

いくら忙しくても、「断る」ときは、その理由を具体的に伝え、説明する。そういう手間暇は惜しまない。それが、誤解されないコツ、信頼されるコツです。

「忙しいから」と門前払いにするのではなく、「後ならいい」と言って、その理由を伝える。

4 「まだ？」と聞くのではなく、「いつできる？」と聞く

×「ご飯、まだ？」
×「今、やってるから」
×「見積書、どうなった？」
×「今、やってますから」
このような会話は、家庭においても、仕事場においても、私たちはよく口にします。
両者ともにいら立っている様子が、よくわかりますね。
答える人は「忙しいんだから、余計な口を挟《はさ》まないでほしい」と、いら立っているわけですが、この言い方では、聞いたほうもいら立ち、「早くしてくれよ」と怒りだすこともあるでしょう。お互いの不愉快が膨《ふく》らみ、両者ともに「損する言い方」になります。
○「ごめんね、あと五分待って」
○「お昼までには仕上げますから」

やはり、具体的に「いついつまでに」と述べるのが、得する言い方になります。

「そうか、わかった」で何事もなく、ストンと話が収まります。

「今、やってるから」と答える人も、「見ればわかるじゃない、いちいち聞かないでよ」と、いら立っているのでしょう。いずれにしても、「見ればわかること」で、お互いに言い争っているのですから、得なことは何もありません。

聞くほうも、「～は、まだ？」ではなく、
○「あと、どのくらい？」
○「できるまでの時間は？」
と、具体的に聞けば、相手も「あと五分」と、具体的に答えられます。

事務的な会話となって、余計な感情が入り混じる余地はなくなります。お互いに、穏やかな気持ちで過ごせます。


「見ればわかること」で人を急《せ》かさない。

「あと何分？」「あと五分」と、具体的な会話をめざす。

5 話を打ち切りたいときの「もういい？」は余計なひと言

相手はまだおしゃべりをしていたいようだけれども、自分は「そろそろ話を打ち切りたい」。けれども、いきなりプツンと話を切ってしまうのは、気がひけます。

相手の機嫌を損《そこ》ねないようにして、さて、どう切り出すか。

×「ちょっと用事があって……もういい？」

これでは、ちょっと冷たい感じがします。

「用事がある」「約束がある」「やり残していることがある」から、このような理由で断ることは大切ですが、「もういい？」のひと言が余計です。

「おしゃべりにつきあってあげたけれど、もういいでしょ。ああ、やれやれ……」といったニュアンスが残るからです。

いつまでもご飯を食べている子供に、イライラしたお母さんが「△△ちゃん、もういいでしょ！」と急《せ》かす、そんな感じになります。「もういい？」は、イラッとすると、意識しないうちに口から出やすい言葉なのでしょう。

理由を述べた後につづけて、

○「もう少しおしゃべりしていたいんだけど」

○「また今度、ゆっくり話しましょうね」

○「今の話、面白いから、またの機会に教えてね」

こんなひと言をつけ加えておきたいものです。これらのフレーズは、どんな会合であれ、別れ際にひと言つけ加えると、いい感じになります。人間関係に角が立たない、次もまた楽しくお話ししましょう、というメッセージになります。

それとなく時計に目をやって、「あ、いけない。もうこんな時間」とひと言洩らすのも、「そろそろ、おしゃべりを切り上げたい」という意思表示になります。ふつうの人なら、「ごめんね、長居しちゃって。それじゃあ、またね」と、スムーズに展開します。

「もういい?」は、相手に誤解されやすい。「また今度、ゆっくりね」とフォローする。

6 「また誘って」より、「私から誘うから」がいい

「誘い」を断るときにつけ加えておきたいひと言が、「今度は、私から誘いますから」です。これなら相手も「断られた」とは思わないでしょう。


「たまには一緒にお酒、飲みにいかない？」

「いいわね」

「週末はどう？」

「ごめん、週末は実家に帰る予定なの」

「それじゃあ、次の機会に」

「うん、また誘ってね」


この「また、誘ってね」も悪くはありませんが、それよりも、

○「**今度は、私から誘うから**」のほうが、積極的なメッセージになります。「また、誘ってね」では、少し受け身の印象が残ります。また、相手が二度目の誘いをしてきたと

きには、もう断れません。二度目の誘いも断ったら、相手に疑心が生まれます。これを避けるためにも、「今度は、私から」のほうが安心できます。

もちろん言いっぱなしはうまくありません。有言実行、あまり日が経たないうちに「この前は（断って）ごめん。今週は、どう？」と連絡を入れるのが、得する人です。

よくあるのが、「また今度」と言いながら、それっきり……ということです。その場限りの社交辞令として、軽い気持ちで口にする場合もあるのでしょう。

しかし、だからこそ「また今度」という約束を必ず実行する人は、「約束を反故《ほご》にしない人」「言葉に責任をもつ人」といった印象になります。逆に、「それっきりの人」は、その場限りのお調子者、といった印象になってしまいます。

「また、今度」と言うときに、「木曜日に連絡するから」と、期日を言い添えておくのも、相手に好ましい印象となって残ります。

「また、今度」と言いながら、それっきりになるのはダメ。有言実行が、人に信頼される基本。

7 待ちあわせに遅れたときの「謝り方」の基本形

待ちあわせの時間に遅れ、気持ちは焦ります。早足で向かいながら、相手はイライラしているだろう、怒っているだろう……と、相手の顔が目に浮かびます。

こんなとき、私たちは二度目の失敗をしがちです。一度めの失敗は「約束の時間に遅れたこと」です。

二度めの失敗は、相手のことより、自分が「遅刻した事情」を一方的に話して、それで終わらせてしまうことです。

×「申し訳ない。余裕をもって社を出たのですが、電車が遅れて」

×「すみません。渋滞に巻きこまれて、いやあ、まいりました」

確かに「しょうがない事情があった」と、相手に伝わるでしょう。

だからといって相手が笑って許してくれるかといえば、ちょっと微妙です。その人は「事情の説明」をしているつもりでも、相手の耳には「適当な言い訳をしている」としか聞こえない場合もよくあるからです。

いくら「遅れた事情」を聞かされても、「待たされた」という不快感は消えません。加えて、「電車が遅れたって、本当かな？」と思う人もいるでしょう。

○「申し訳ない。暑い中をお待たせしちゃって、本当に申し訳ない」

○「貴重な時間をムダに使わせてしまって、すみませんでした」

まずは、謝罪の言葉です。次に遅れた事情を説明し、それに加えて、自分が来るのを今か今かと待っていた相手の心境を気づかう言葉をかけることです。

事情だけを話して終わりの人は、「この人は万事、自分の都合ばかりだ」といった印象になります。

気づかう言葉を添えられる人は、「この人は、人への気づかいができる人だ」という安心感を与えます。人との信頼関係を自然に醸成《じょうせい》していける人です。

事情を話すだけで終わらせない。
まず、相手を気づかう言葉から始める。

8 「スケジュールの変更」をお願いするコツ

「スケジュールを変えてもらいたい」

「締め切りを延ばしてほしい」

……このようなお願いを先方にするときには、それなりの理由が必要です。

×「バタバタしているものですから」

×「どうしようもなくって」

×「優先しなければならない用件があって」

これでは、先方に納得してもらえるはずがありません。

「バタバタ」で、この人は時間管理ができない人なのだろうか、と疑われる。

「どうしようもない」は、あいまいな言い方すぎます。どういう事情があるのか「見えない」から、よからぬ疑いを生み出しやすい。「仕事もろくにしないで、遊びまわっているんじゃないか」といった類のことです。

「ほかに優先」というのは、話になりませんね。「私の用件は後回しにしたいってことか？」と、カッとなる人もいるでしょう。

実際、ほかに優先しなければならない用件ができたというのが事実としても、「本当のことを言ってはいけない」ということは少なくありません。ここは、ありのままの事実を述べて納得してもらおうとするのではなく、

○「私の能力が足りなくて申し訳ないんですが」
○「大変なご迷惑をおかけしまして」
○「お願いします。以後、こういうことはないようにしますから」

など、ひたすら詫《わ》びるしかないように思います。誠心誠意をもって、です。

このようなケースでは、込み入った事情の説明は避けて、「後はどうぞ、事情をお察しください」という謝り方が現実的であることも言い添えておきます。

「本当のこと」を述べるのではなく、自分の力不足と、迷惑をかけたことをひたすら詫びる。

9 業界の省略語はシチュエーションを考えて使う

「ごめん、リスケ、お願いできる？」

「オンスケ？」

同僚同士、友人同士で、こんな話し方をするのはいいでしょう。

けれども、このようなビジネス系、英語語源系の省略語を使いなれている人は、時に、使ってはいけない相手にも、つい口に出てしまうことがあります。

大切な取引先に対して、

×「リスケ、お願いできませんか」

来賓として招く相手から「予定に変更はないんですね」と確認の連絡を受けて、

×「はい、オンスケです」

このような気軽な省略語を安易に使うのは、うまくありません。

ちなみに「リスケ」は、英語の「リ・スケジュール」の略で「予定変更」、「オンスケ」

は「オン・スケジュール」の略で「予定通り」という意味。

仕事で大切な人には、きちんとした日本語で、
○「予定を変更したいんですが、お願いできますか」
○「はい、予定通りです」
という言い方で対応したいものです。

自分の業界の専門用語をやたらと使いたがる人もいます。とくに若い人に多いように見えます。専門語というよりも、いわゆる隠語。仲間内ではよくても、それが口ぐせになっていると、使ってはいけない場でもポロッと出やすいものです。

相手は何のことかわからず、バカにされたような気がします。そんなことで仕事が滞《とどこお》るのは残念ですね。


仲間内の省略語で、信用を失うこともある。

きちんとした相手には、きちんと話す。

10 言い訳はしっかりしてもらいたい、その理由とは？

「言い訳はするほうがいいのか、しないほうがいいのか」

そう聞かれたら、「言い訳はするべき」というのが、私の考えです。

「言い訳」は、許すきっかけをつくります。

納得のいく言い訳をしてもらってこそ、「それは仕方ありませんね。許しましょう」となります。何も言い訳をしてくれないと、一件落着とならないのです。永遠と怒っていなければならず、こちらも、つらいのです。

×「言い訳はいたしません」

×「申し開きなど、できるはずがありません」

いかにも潔《いさぎよ》い態度ですが、だからといって私の不満が解消されるわけではありません。

私は長年、大学の教員をやってきましたが、成績が悪くて単位を取れそうもない学生が教員に対して、まず口にするのが「すみません」でした。けれども、そこから先がなく、つまり、言い訳しないのです。「言い訳はしませんから、無条件で許してください」といった態度に見えます。しかし私としては、言い訳をしてほしい。

○「アルバイトが忙しくて、勉強する暇がなくて」

○「試験でヤマがはずれてしまって」

まあ、この程度の言い訳でもしてくれれば、「アルバイトと勉強をどう両立させるか」「何をポイントに勉強を進めていけばいいか」といったことを、学生と一緒になって話しあえます。教員としてのアドバイスもできます。その学生にとって、どうすることが一番いいのかということがわかります。

しかし言い訳をしてくれないと、「では、どうするか」というステージに話が進んでいかないのです。「すみません」だけで終わる人には、まわりの人も手助けできません。結局、見放すしかなくなるのです。

「すみません」だけで終わらせない。言い訳が、次の展開へのきっかけになる。

11 その「いいですねえ」は、嫌味になって伝わる

京都の言葉に「よろしいなぁ」というのがあります。標準語に直せば「いいなあ」でしょうか。正真正銘のほめ言葉のようにも思えますが、京都の人がこの言葉を口にするときは、少し嫌味が入り混じっているらしい。

「よくやりますねえ、年甲斐もなく。あきれましたわ。私には、そんな話はどうだっていいですよ」といったニュアンスとのことですが、本当はどうなのでしょうか。

いや、標準語の「いいですねえ」にしても、その言い方によっては嫌味になります。

「来週は有給休暇を取って、北海道に旅しようと思っているんですよ」

「いいですねえ。私なんて、ここ数年、有給休暇なんて取れた例《ためし》がないものなあ」

よくある会話だろうと思いますが、この「私なんて」というひと言が入ると、たちまち、嫌味混じりの言葉になります。本人にそのつもりがなくても、です。

「私なんて」という言葉が入らなくても、たとえば、夫が妻に「専業主婦ってお気楽で、

いいよねえ」。これも、嫌味な言い方ですね。つまり、自分と相手とを比較しているところがうまくないのです。この比較意識が入ると、嫌味になりやすい。本人は無自覚なのでしょうが、相手の耳には嫌味となって届きます。

ほめ言葉と嫌味は紙一重です。どっちになるかは相手次第、そういう一面もありますが、できるだけ自分がコントロールしたいものです。

さらに言えば、

×「（無表情で）いいですねえ」

○「（笑顔で）いいですねえ」

そのときの表情で、まったく逆の効果になってしまいます。

うらやましいときは、「いいですねえ」よりも、素直に「うらやましいです」と言うほうが本意が伝わるでしょう。皮肉なニュアンスが入り混じらない言い方、といえます。

無表情で「ほめる」は、相手を不安にさせる。
表情豊かに「ほめる」と、気持ちが伝わる。

12 「自分を卑下」して相手をほめてはならない

相手をほめた後に、自分を卑下《ひげ》する……これは、お勧めできません。たとえば、

「東京大学を出たなんて、すごいですね。私なんて頭良くないから、三流大学しか出られませんでした」

こんな自己卑下をすると、相手は「ほめられて、うれしい」と思えなくなります。

「いや、学歴なんて何の意味もありませんよ。たいした学歴がなくたって、成功している人はたくさんいるじゃありませんか」と、相手も自分を卑下するような話をして、ほめ返さなければならないのではないか……このような義務感が先に立つのですね。

しまいには、「私なんか、学歴がよくても大した収入もなく」「何をおっしゃいますか。私の収入なんて」と、「卑下の競い合い」みたいな会話になり、話が盛り上がることもなく、お互いに気まずさがただよいます。

ほめ言葉には、「自分のことは絡《から》めない」がセオリーです。

「東京大学を出られたなんて優秀なんですね」。これだけでいいのです。

人をほめてから、自慢話を始める人もいます。

「旅行がお好きで日本各地を巡られているなんて、いや、うらやましい」

と相手をほめておきながら、続けて、

「私も旅行が好きで、世界各地を旅してまわっていましてね」

こんな話し方をする人は「ほめ返し」を期待しているのかもしれませんね。

職場の上司には、「すごいじゃないか」と部下をほめながら、「オレが若かったころは、もっとすごかった」と自慢話を始める人もいそうです。

いずれにしても、人をほめるときは、自分を卑下してもよくないし、自慢をしてもよくない。「自分抜き」で、相手だけを簡潔にほめるのが効果的です。

あれもこれもの「ほめ過ぎ」は、相手が鼻白みますから、要注意です。

人をほめるときは、「自分のこと」と絡めない。相手のことだけをシンプルにほめる。

13 ほめ上手な人は、「すごく」「とても」の使い方がうまい

男性は、「ほめ言葉」がそっけなくなりがちです。デート中の女性に、

×「その服、似合ってるね」

これだけで終わらせる人も少なくありません。

一般的に、女性のほうが形容詞、副詞の使い方が上手で、たとえば、

○「とっても可愛い服じゃないの。ステキに着こなしているわねえ」

と、会話にも華やかさが生まれます。

「すごく」「とても」「キレイ」「ステキに」といった形容詞や副詞は、言葉づかいの、いわばスパイスのようなものです。

「元気だね」より、「元気いっぱいだね」。

「お若い」ではなく、「いつもお若い」。

「△△さん、すごい」を、「さすが△△さん、すごい」。

ちょっとスパイスを利かせるだけで、会話に彩りが生まれ、より華やかさが増します。あまりスパイスを利かせすぎると素材の味を損ねることにもなりますが、男性も女性を見習って形容詞、副詞の使い方を学んでみてはいかがですか。

居酒屋さんで注文すると、店員さんが「喜んで承りました」と元気な声です。ただ「承りました」と事務的に答えるよりも、「喜んで」というスパイスが入ることによって、出てくる料理にも期待できそうです。ちょっと、わくわくしますね。

会話の中に、ひと言、ふた言、短い「ほめ言葉」を入れると、会話は円滑なものになります。場の空気も華やぎます。職場では、上司と部下が、同僚同士が、事あるごとにほめあうことで、お互いのモチベーションも上がります。

ここでも、「ほめ過ぎ」には要注意です。

ほめ言葉に「ちょっとだけスパイスをまぶす」のがコツです。

そっけない言葉では、ほめても真意が伝わらない。
スパイスの利いた言葉で、短くほめると効果的。

14 「どうしたの？」は、あなたを見守っているというメッセージ

今の若い人たちは「自己中心的」であり、「コミュニケーション能力が不足している」という傾向があるとのことですが、実際はどうなのでしょうか。

たとえば、まわりの人たちの視線や迷惑を顧《かえり》みずに、駅などの出入り口付近でべったりと床にお尻をつけて座りこんでいる若者を見かけることがあります。あれなどは、自己中心的な性格の表れでしょう。

自己中心的とは、言い換えれば、「私はこうしたい」という意欲は旺盛《おうせい》だ、という側面もあります。ただ、残念なことに、コミュニケーション能力が不足しているために、自分なりの主張や意欲を相手にうまく伝えられない。

仲間内ではワイワイと仲よくやったり、SNSで交流するのは得意でも、会社のようなオフィシャルな場で、しかも年齢が離れていたり、立場が異なる相手とのコミュニケーションは苦手なようです。緊張のあまり萎縮《いしゅく》してしまい、内にこもる傾向が見られます。

そんな若い人たちの心を開き、会話のきっかけをつくるひと言が、「どうしたの?」です。これは尾木ママこと、教育評論家の尾木直樹さんの受け売りですが、いつもと様子が違うなと感じたときは、「どうしたの?」と声をかけてみる。きっと「話したいこと」「聞いてもらいたいこと」が心の奥に溜まっているはずです。この声かけひとつで、心が軽くなるのではないでしょうか。

「どうしたの?」は、「私はいつもあなたを見守っていますよ」というメッセージであり、相手を安心させます。同時に「相談に乗るよ」「一緒にがんばりましょう」という励ましの言葉でもあります。

コミュニケーション不足で、内にこもってしまう……これが常態化すると、自分は「浮いた存在」「いてもいなくてもいいような存在」といった、よからぬ考えが生じやすいのです。これを避けるためにも、「どうしたの?」は、貴重な声かけ、といえます。

人と人とがつながる言葉が「どうしたの?」。声かけひとつで、閉じていた心が開いてくる。

15 言い忘れたくない、「ありがとう」のひと言

人に助けてもらったり、気をつかってもらったときに、「ありがとう」という言葉を言い添えることができるかどうか。ここで、人の印象はずいぶん変わります。

パソコンのトラブルに見舞われ、どう解決していいかわからない。戸惑っていると、隣りにいる同僚が見るに見かねて「どうしたの?」と声をかけてくれます。同僚の手を借りて、どうにか解決。そこで、

×「ああ、よかった。もう大丈夫だから」

これでは、言葉足らずですね。

○「もう大丈夫。ありがとう」

お礼の言葉を添えてほしいものです。もちろん、同僚も「お礼の言葉を言ってほしい」と強く思っているわけではないでしょう。けれども、このひと言で、同僚の気持ちも丸くなります。少し、うれしくもなるでしょう。

この「ありがとう」を言い忘れてしまうことは、日常生活の中であんがい多いのではないでしょうか。電車で向かいの席に座っていた若者が、到着した駅で立ち上がる。座席にケータイ電話が残されている。「お忘れですよ」と声をかけると、「あ、ヤベ」と言い残したまま行ってしまう。少し寂しい気がします。

人から親切にしてもらったとき、後になってから「あのとき、私はちゃんとお礼の言葉を言ったかしら？」と思い到ることがあります。

あわてていたり、先を急いでいたり、頭が混乱していたりしたときには、つい「ありがとう」を言い忘れ、後悔することになります。

「ありがとう」という言葉だけは言い忘れないようにしたいものです。

とっさに口から出た「ありがとう」で、助けてくれた相手の心も潤《うるお》います。そこには、短い「やりとり」ですが、十分なコミュニケーションが成立しています。

「もう大丈夫」と自分が安心するだけでなく、「ありがとう」のひと言を添える。

16 人の親切が「あたりまえ」になっていませんか

「ありがとう」は、そもそも「有り難い」という言葉に由来するらしいのです。「めったにない」『珍しいこと」という意味だからこそ、「ありがたい」のです。

社会的な地位があがるにつれ、あるいは年齢を重ねていくにつれ、まわりのたくさんの人たちが親切にしてくれます。そのうちに「ありがたい」が「あたりまえ」に思えてきます。

「私は立場が上なんだから、立場の低いあなたが私に気をつかうのは、あたりまえ」といった感覚です。

この「あたりまえ」が身に沁み込んでくるにつれて、だんだんと「ありがとう」という言葉が口から出なくなります。せいぜい「ご苦労さん」。これでは、「感謝していますよ」という気持ちが伝わりません。

今一度、「この私を手助けしてくれるなんて、めったにないことだよなあ」と、改めて

「有り難い」という本来の意味を思い直してみたいものですね。

そうすると、「ありがとう」というひと言にも、心がこもってきます。

書家であり詩人であった相田みつをさんの言葉を紹介します。

「毎日があたり前だと思っていた。でも、あたり前じゃない。

あたり前じゃないことに気がついた。

笑顔、優しさ、思いやり、あたり前じゃない。

あなたに感謝。

あたり前じゃない今日に感謝」

身近にいる人から優しい笑顔を向けられることにしても、「有り難いこと」です。いつも身近にいる人だからといって、それが「あたりまえ」と思っていませんか。

どうぞ、「ありがとう」のひと言を。


親切にされるのは「あたりまえのこと」ではない。「有り難いこと」だから、「ありがたい」のです。

コラム 下手な言い訳は、どこが下手なのか

・言い訳を先延ばしにして、しばらくしてから「じつは……」。
・核心部分をごまかして、表面的なところの言い訳をする。
・相手に責任を押しつけて怒る。いわゆる逆ギレです。
・「でも」「だって」と、しつこく言い訳を重ねる。
・「これは、言い訳ではない！」と強調しながら、言い訳する。

どの言い訳にしても「反省がない」ので、相手が耳を傾けることはありません。下手な言い訳は、ますます自分を貶《おとし》めてしまいます。要注意。

第二章

ついロから出る「ひと言」で得する人

1 「それでいい」と「それがいい」、気持ちが上がるのはどっち？

食事に行こうという話になり、相手から「中華でいい店を知ってるんだ。行ってみない？」と誘われたとします。さて、どう返事するか。

×「うん、中華でいいよ」

この「〜でいい」という言い方には、おざなりな感じ、乗り気ではない印象が漂います。

○「うん、中華がいいよ。いい店なの？　楽しみだなあ」

この「〜がいい」のほうが積極的な印象です。誘った人も、足取りが軽くなります。

職場の部下が「この件ですが、こういう方向で仕事を進めてよろしいですか」と指示を仰ぎにきます。

×「それでいいよ。うまくやっといて」

○「それがいいね。君、冴えてるね」

「〜でいいよ」と「〜がいいね」という言い方の違いで、部下への伝わり方も変わってきます。前者は「まあ、テキトーにやっとけばいいや」という思いを部下に思わせます。

後者は「すばらしい発想力だ」という意味が暗に伝わっていきますから、部下のやる気もアップします。

×「この仕事は、山田さんでいい」
○「この仕事は、山田さんがいい」

さて、山田さんが仕事の成果を挙げるのは、どちらの言い方か。


前者には、「ほかの誰でもいいんだけど」という心の声が反映されているように、山田さんは感じてしまいます。

後者には、「これは山田さんが適任だ。山田さんの能力を存分に生かしてほしい」という期待が込められている。山田さんは、そう感じます。

それが、「で」と「が」の違いで決まります。

「〜でいい」は、他人任せのイメージ、「〜がいい」は、主体的なイメージ。

2 「口が達者な人」は、「話が面白い人」に言い換える

嫌味なのか、ほめ言葉なのか、微妙な言い回しがあります。

×「悩みがなさそうで、いいですねえ」

×「口が達者な人ですなあ」

×「マニアックですねえ」

ほめたつもりだったとしても、これはうまくありません。

「私は、そんなに能天気な人間じゃないよ」

「なんか、オレが詐欺師のように聞こえるじゃないか」

「変わった人だと言いたいのか？」

と、相手は嫌味に受け取ることもあるでしょう。

次のように言い換えてみては、どうか。

○「大らかな性格でいいよね。だから、みんなから好かれるんだよね」

○「お話が面白いから、あなたとお会いするのをいつも楽しみにしています」
○「凝《こ》っていらっしゃいますねえ。ここまで凝るのは、なかなかできません」
これなら「ほめている」ことが、しっかり相手に伝わります。どうせ「ほめる」なら、相手もうれしい、自分もうれしい、そんな「ほめ得」になる話し方をしたいものです。

ところで、「思い出す」という言葉も、相手を不安にさせることがあります。

中学校の同窓会で、当時の担任の先生に「先生に言われたこと、今でも時々思い出すんですよ」と言う。これだけでは、先生は「自分は何を言ったんだろう」とあせります。

もしや、教育者らしからぬことを言ったのか、と不安になります。

「先生からいただいたお言葉を今でもよく思い出します。貴重な人生訓として、胸の奥に大切にしまってあります」

と、言葉足らずにならないようにしたいものです。


人を評価するときは、「言い換え」を心がける。言葉足らずは、誤解の元。必ずフォローする。

3 ほめたつもりの「エリートらしくない」は、嫌味にもなっている

もうひとつ、言い方によって「嫌味」にもなれば、「ほめ言葉」になるものを紹介します。

たとえば、「～らしくないですね」。

「部長は、部長らしくありませんね」と言う。

偉ぶっていないし、気軽に何でも相談できる。そんなフランクな人柄の部長を尊敬しています。そうほめるつもりで言ったのです。

ところが部長は、「私にリーダーシップがないという意味か？　私は部長の器ではないと言いたいのか？」と、まったく違った意味で受け取ってしまう。

「らしくない」には、そんな微妙な意味あいが含まれています。

ほめ言葉には、ひと言で効力を発揮するものもあります。

「思いやりがありますね」「笑顔がステキ」「気が利くねえ」「気品がありますね」といった、ストレートにズバッと投げ込む「ほめ言葉」は効果的です。

一方で、言葉足らずで終わってしまうと嫌味に受け取られてしまう「ほめ言葉」もあります。「～らしくない」は、その一例です。

そういった意味あいを、きちんと相手に伝えなければなりません。

「今どきの子らしくないね」。これだけでは誤解されます。続けて、「いや最近の子は浮ついている人も多いけど、あなたはしっかりしているものね。いい意味で、落ち着いているものね」といったようにです。

ふつうは「～らしい」と言って、ほめます。「いかにも部長らしい」「部長らしさが身についている」と。けれども、ほめ方としては凡庸《ぼんよう》ですね。

その意味で、「～らしくない」は、使い方を間違わなければ、なかなか粋《いき》でおしゃれな「ほめ言葉」です。「エリートらしくない」「先生らしくない」「政治家らしくない」などにも、しっかりしたフォローが必要です。

「～らしくないですね」で終わらせず、その内実をしっかり伝える。

4 「すごいよ、いいねえ」と受けて、人のアイディアを引き出す

会話が盛り上がるときというのは、奇抜なアイディアが次々に浮かんでくるときです。ひとりだったら思いつかなかったことが、会話中には魔法のように頭の中から引き出され、「私は天才かも」とうぬぼれたくもなるのですが……。

これは、相手の受け答えがうまいのです。

○「すごいよ、それは斬新《ざんしん》な意見だ」

○「いいねえ、きっとうまくいくよ」

いわば、「乗せ上手」であり、「引き出し上手」なのです。

「ほぉー」「なるほど」「いいですねえ」「すばらしい」「さすがだ」「それで?」「そうしたら?」「うまくいく」「すごいよ」……と、目をキラキラさせて、相手の話に合いの手を入れているのでしょう。言い方を換えれば「反応上手な人」ともいえます。

調子に乗せられてしゃべっているうちに、思わぬアイディアを引き出してくれるので

すから、こちらは得です。相手にしても、自分のアタマを使うのではなく、人のアタマを使ってアイディアを生ませ、そこから何かのヒントをつかめれば得でしょう。
ところが、ここで損をする人がいます。

×「ただ、そうは言ってもねえ。予算はどのくらいかなあ」

×「部長はOKを出さないだろうなあ」

と、いちいち問題点を指摘する人です。どんなことにもプラスとマイナスの両面があり、いいと思えるアイディアにしても、マイナス面はあるでしょう。これを実現するために検討するのは、次のステージになってからです。今、アイディアの噴出中は、最後まで気持ちよく話をさせることを優先したいものです。
「ただ、そうはいっても」のひと言は、会話を冷え込ませてしまいます。思考の歯車にストップをかけてしまっては、お互いに「損する会話」になります。

「ただ、そうは言っても」のひと言で、話は途切れる。「乗せて、引き出す」という会話術を身につける。

5 「忙しいところ申し訳ないけど」とお店の人に言えますか

物やわらかな話し方で言葉づかいもていねい、なかなか品のいい人と思っていたのに、その人と食事に行ったとき、お店の店員を手招きで「おいっ」と呼びつけて、

×「注文したもの、まだなんだけど。早く持ってきてよ」

と、横柄《おうへい》な言い方。口調からも表情からも、イライラした様子がわかります。

こんなときの「感じの悪さ」にはドギマギしますね。いきなり、その人の本当の人柄、裸の本性に出あい、何か、見てはいけないものを見てしまったような居心地の悪さを感じます。

仕事がらみの大切な人への言葉づかいはていねいなのに、どうでもいい……といってては失礼ですが、目下の人とか、立場が弱い人には乱暴で、ぞんざいな口の利き方をする。そんな人と一緒にいるのは、なかなかの苦痛ですね。

お酒が入ると気が大きくなり、言葉づかいがひどく偉そうな感じになる人もいます。

心の規制がはずれ、本性らしきものが表面に出てきたということです。

いずれにしても、場所と場合によって言葉づかいが変わっては、まわりの人にいい印象を与えることはありません。お店の店員さんに対しても、

○「忙しいところ申し訳ないけど、注文したものがまだ来ないんだけど」

やさしい心づかいを、ちょっとしたひと言で見せられる人でありたいものです。

どんな人でも「上の人への言葉づかい」は、基本的にていねいです。

だからなかなか気づかないのですが、それが「下の人への言葉づかい」によって、本性らしきものを強烈に印象づけることになります。

まわりの人は、あなたの「下の人への言葉づかい」をあんがい注意深く観察しています。

「気づかい」のない言葉には敏感に反応し、その人となり、を見たような気がします。

どんな人、どんなときでも、ちょっとした「気づかい」が大切です。

「上の人にはていねいに、下の人には横柄に」は、嫌な感じ。「気づかい」のあるひと言で、いい印象になる。

6 「想定外のことだから」と責任逃れをしてはならない理由

とっさに出る言葉で、評価を大きく下げてしまう場合があります。どうにか責任を逃れたい、そう思っていたのでしょう。よりによって、最初の言葉で失敗するのですね。

×「こんな事故が起こったのは、まったくの想定外のことで……」

最近、よく聞く言葉です。とにかく「想定外」と言っておけば許される、大目に見てもらえる。そんな雰囲気さえあります。

ここには、「想定外のことなんだから私の責任ではない」、そういう意味が含まれています。けれども、「いやいや、それは想定内のことでしょ！」と、ツッコミを入れたくなることは少なくありません。

「計画性がなく、場当たり的に仕事を進めてきただけじゃないの？」
「なんて見込みが甘い、能天気な人なのだろう」
「責任感がない。こんな人に任せていいのか？　心配だ」

ほとんどの人は、こんな感想を持つのではないでしょうか。

つまり、自分の評価をますます下げているのです。

あらかじめ「想定外の事態」も起こりうると、シビアな想定をしておくのが専門家として評価が高い人なのでしょう。

とはいえ、本当に想定していなかった事態が生じる可能性もないわけではありません。

そのときは、
○「私の注意が至りませんで、申し訳ありません。ご迷惑をかけました」
という言い方が適切でしょう。「想定外」を他人事にするのではなく、「自分の反省点」として謝罪する姿勢を示したいものです。

これに加えて、「では、どうするか」という具体的な対処法を提示する話し方ができる人が、及第点の評価を得られるのです。

安直な言葉を不用意に使うのは危険。自分の責任として、自分の言葉で話す。

7 「大人の事情で」は、子供っぽい言い訳とみなされる

「大人の事情で」という言い方、どうも釈然としませんね。

中学生、高校生によくないことを伝えるとき、「大人の事情で、君たちの要望には添えなくなった」と言うならまだわかりますが、大の大人が「大人の事情で」と、大人に言うのですから、違和感が生じます。

込み入った事情や利害関係があって、こまごまとしたことは言えない、したくない、というのはわかります。

しかし、たとえば「どうして離婚しちゃったの？」と聞いたときに、

×「大人の事情があってね、話せないのよ」

まるで、自分が子供扱いされているかのようです。不愉快ですね。

人には言えない恥ずかしい事情を「大人の事情」という言葉でごまかしているわけですが、その場合には率直に、

○「気持ちの整理がついたら話すから、それまで待って」
○「込み入った事情があって話せないのよ。いずれ折りがあったら話すから」
これでいいと思います。

そもそも、「大人の事情」という言葉は、大人が使うものではないと思います。相手を小馬鹿にしているような上から目線も感じますし、なにかしら幼稚な響きがありますね。子供同士なら「大人の事情で、計画がダメになったよ」「大人の事情って、めんどくさいな」と、スムーズな会話が成り立ちます。

つい口から出てしまう便利な言葉、それが「大人の事情で」です。安直に「大人の事情で」と言って、肝心な話をプツンと遮断《しゃだん》したのでは、相手はシラケます。話せない理由をきちんと伝えてこそ、いい会話がつづきます。

「大人の事情で」と、大人に言っても納得できない。話せないことは、きちんと「話せない」と言うこと。

8 「意外と」と答えて謙遜するより、ほめられたときは素直に喜ぶ

「よくやったじゃないか」と、上司にほめられて、

×「はい、意外とうまくいきました」

と答える。この「意外と」という言い方が残念です。

「意外と」には、「偶然に」「たまたま」といった意味あいがあります。

つまり、「私にはうまくやる自信も実力もなかったけれど、偶然に恵まれて、たまたま運よく、うまくいった」、そんなニュアンスが出てきます。

「意外と」と口にする人には、そんな気はありません。

謙遜《けんそん》して言っているのです。謙遜は美徳とされているからです。しかし「謙遜のしすぎ」は、自分を貶《おとし》めることに通じ、かえって評価を下げてしまうことがあります。

○「がんばった甲斐がありました」

○「力を存分に発揮できました」

○「狙い通りでした」

「よくやった」とほめられたら、素直に喜び、素直に胸を張るのがいいようです。「謙遜しすぎ」よりも「素直になる」ほうが、プラスのメッセージになります。そこから話が発展していくという「得な面」もあります。

「がんばりました」と胸を張ってから、「じつは、新しい企画がありまして、検討してもらえませんか」という話につなげていくことができます。上司も、どれどれと興味深く企画書に目を落とすでしょう。

「意外とうまくいった」といって自分を貶《おとし》めてから、「新しい企画の提案が」という話にもっていくのは、なかなか困難です。自分を「低め」に設定したせいで、次の企画への道筋がつながりにくくなっているのです。上司も「あ、そう」とそっけなく答えるだけなのではないでしょうか。

謙遜するのはいいが、「謙遜しすぎ」はマイナスイメージになる。

9 思わず「うるさい！」と怒鳴ってしまったらどうする？

怒鳴ることは、よくない。それはわかりますが、立場を入れ替えて考えてみると、怒鳴る人にも、それなりの理由があるわけです。

つべこべ言う人、しつこい人、決めたことを従わない人、甘えん坊、あくまでも自分の都合を押し通そうとする人、言い訳ばかりの人、心配ごとを口に出さないではいられない人……そんな人たちの言い分を聞いているだけでイライラしてきて、つい「うるさい！」。こう書くと、怒鳴ったのは「相手のせい」と思いたくもなるのですが、そうではありませんね。多くの場合は「自分のせい」です。

「感情的な言葉」が口から出やすくなる、ある状況があります。

・自分のことで一杯いっぱいのとき
・締め切りが迫ってあせっているとき
・先の見通しが立たなくなっているとき

・まわりの、自分を見る目に敏感になっているとき

総じていえば、「心のゆとりを失っているとき」です。

うまくいかない、予定通りにいかない、そんな自分をまわりの人たちはどんな目で見ているのだろうか？　いや、自分はこれからどうなるのだろう？　そんな不安とイライラが心の中に同居しているときに、誰かにぎゃあぎゃあ言われたり、甘えたことを言われると、それがきっかけとなり、つい「うるさい！」となってしまうのです。

その瞬間、「しまった！」と思うのでしょうが、さて、この後、どうすればいいか。

その場を離れて、空を眺め、深呼吸をして「心のゆとり」を取り戻すことをおすすめします。心の中に「ゆとり」を再生させてから、「つい怒鳴ってしまい、申し訳なかった」と、素直に詫びる。これが、まわりの人との関係を原状回復させる、唯一の方法だと思います。

頭の中が「自分のこと」でいっぱいの人は、こまめに気分転換を心がける。

10 「希望を感じる言い方」で人はつながっている

「やっぱり」を口ぐせのごとく多用する人に会うと、この人は知らず知らずのうちに損をしているんだろうな、と思います。

その理由は、悪い意味での「決めつけ」につながることが多いからです。

ある人が友人たちを見返してやりたいと、空手道場に通うことにしたとします。友人たちにも「強くなって、三年後には黒帯を取るつもりだ」と宣言します。

その半年後、友人のひとりから「そういえば空手、上達したの？」と聞かれ、

×「ああ、やっぱり三日坊主で終わっちゃった」

×「ああそう、やっぱりね」

「やっぱりダメだった」「やっぱり、うまくいかなかった」「やっぱり、無理！」など、みずから自己肯定感を押し下げる言い方です。

もし、三日坊主になることを初めから予測していたとしたら、悪い意味での「決めつ

け」でしかありません。また何かチャレンジしたいことが出てきても、「やっぱり、また三日坊主かな」という声が心の内から聞えてくると、せっかくのチャレンジ精神も萎《な》えてしまいます。

自分を卑下するような言い方は、自分の能力を押し下げてしまいます。これを多用すればするほど「自分下げ」になり、友人たちもそのような目で見ますから、「ああ、やっぱり、ダメだったんだな」と、悪い意味で決めつけてしまいます。友人からも「やっぱり、あなたはダメな人」とダメ押しされたら、立ち直れなくなります。

○「今、中休みしてるけど、またがんばるよ。英会話って楽しいよ」

○「あなたと海外旅行に行くのが楽しみね。通訳よろしくね」

自分にもまわりの人にも、いつも明るく「希望のある会話」を重ねていけば、お互いに前向きになれます。知らず知らずのうちに得をしているのです。

自分で自分を「やっぱりダメ」と決めつけない。「やりたい」「楽しい」という気持ちを大切にする。

11 気づかないうちに、自分は「成長している」もの

「鎖につながれたゾウ」という話があります。

あるサーカス団に、見世物に使う子ゾウを連れてくる。

調教師は子ゾウの足に鎖をかけて頑丈な杭につなぎます。子ゾウは逃げようと懸命に鎖を引っ張りますが、まだ力が弱く、鎖を引きちぎることができません。

数年後、その子ゾウは成長し、大きな体になります。けれども、鎖ではなく縄で足を結ばれ、粗末な木製の杭につながれているだけです。立派な巨体になった今であれば縄を引きちぎったり、杭を引き抜いたりして逃げ出すこともできるはずですが、もう逃げようとはしないのです。子供のころの経験から、逃げ出すのは「どうせ無理だ」という思いが染みついているからです。

人間にも、「どうせ無理」という言葉づかいが口ぐせになっている人がいます。いや、言葉だけでなく、考え方自体が「どうせ無理」の思想になっている人がいます。

×「どうせ無理に決まっている。やるだけ無駄だ」

若いときの苦しい体験がトラウマになり、今、自分が持っている能力に積極的なイメージを抱けないでいるのでしょう。しかし、やってみる前から「どうせ、うまくいかない」とマイナスに考えるのは、悪い決めつけです。実際には、今は、やり遂げるだけの十分な能力が備わっているのに活用しないのですから、もったいない。

○「結果はわからないけど、やってみよう」

そう思って、「やってみたら、できた」ということは人生にたくさんあります。人には、ただ生きているだけで成長していく、そういう能力があります。子供のころ、自転車に乗るのも、鉄棒の逆上がりも、「いつの間にか、できるようになっていた」。そんな経験もあるでしょう？　自分では気づかないうちに成長しているし、人にはそんな能力があることを信じて「やってみよう精神」を発揮したいものです。

「どうせ無理」を口ぐせにしない。やってみたとき初めて、「自分の能力」に気づく。

12 「もう三日しかない」と「まだ三日もある」、どっちがいい？

仕事の締め切りに間にあわせようと、みんなで力をあわせてがんばっているとき、チームリーダーがさらに油を投入しようとし、

×「締め切りまで、もう三日しかない。もっと、がんばれよ」

と、声をかける。そういうリーダーもいれば、

○「締め切りまで、まだ三日もある。できるぞ」

という言い方をするリーダーもいます。

この「もう～しかない」と「まだ～もある」。この言い方の違いで、現場のスタッフたちの気あいも大きく変わってくると思います。

「もう～しかない」では、「がんばろう」と気あいが入る前に、「このままじゃ間にあわないかもしれない、どうしよう？」といった焦りや不安のほうが先に立ちそうです。

やる気が空回りし、ミスを連発してしまい、追いつめられてしまう結果になりかね

ません。

一方の、「まだ〜もある」なら、スタッフの気持ちも落ち着きます。ほっとした後、腹の底からの闘志が静かに湧き上がってきます。

「あわてる気あい」よりも「静かな気あい」。集中力が増し、効率的に進みます。

もし身近な同僚から「もう締め切りだ、どうしよう？」と切羽詰まった声が聞こえてきたときは、「まだ、だいじょうぶ」と答えて、まず安心させるのが得策です。

「まだ＋肯定語」の言葉づかいは、人を落ち着かせる鎮静作用がありますから、以後の仕事の効率も上がります。

「もう＋否定語」は、逆です。

「まだ、できないの？」といった言い方と同じで、人をあわてさせるだけです。

緊張を高めて「がんばらせる」のではなく、安心させる言い方で「励ます」。

13 「後の楽しみ」が多い人ほど、言い方が前向きになる

「疲れた」「面倒くさい」「つまんない」……

このような言い方は、正直な心情を吐露《とろ》したのでしょうが、だからといって、やらなければならないことが消えてなくなるわけではありません。その意味で、まったくの「ムダグチ」ということになります。

疲れた、といっても残っている仕事は片づけなければならない。

面倒くさいから、といって食器の後片付けを怠るわけにはいかない。

つまんないから、と受験生ならば勉強を放り出すことはできません。

×「疲れた」「面倒くさい」「つまんない」

ネガティブな言葉を吐き出すたびに、生きてゆく意欲が削《そ》がれていきます。これが口ぐせになっている人は、顔の表情が暗くなっていきます。

「ひと踏ん張りした後は、思いっきり羽を伸ばそう」

「家事を終えたらお風呂に入って、今日は爆睡するぞ」

「志望する学校に入学できたら、楽しい生活が待ってるぞ」

やり終えた後の楽しみをつくる、楽しいことへと意識を向ける、そういうベクトルになれば、疲れていても「疲れた」という言葉は口から出てこなくなります。これが、「やりたくない」を乗り越えていく、ちょっとしたコツです。

楽しみが多くなれば、

「疲れた」が「張り切っていこう」に、

「面倒くさい」が「ささっと片づけよう」に、

「つまんない」が「あんがいおもしろい」に、
このように変わっていきます。楽しみをたくさん持っている人は、まわりの人たちにも楽しい気分をふりまきます。よき友に恵まれます。


「疲れた」「面倒くさい」「つまんない」ときは、やり終えた後の「楽しみ」を思い浮かべる。

14 「どうしようもない」「あきらめるしかない」を口にしてはならない理由

世の中に「どうしようもないこと」「あきらめるしかないこと」があるのは事実ですが、自分から先にこの言葉を言ってしまうと、相手をイラッとさせてしまいます。

妻と旅行に行く予定だったのに急な仕事が入り、キャンセルしなければならなくなったとします。こういうとき、とくに男性は、妻の気持ちに無頓着です。

×「仕事なんだから、どうしようもない。あきらめるしかないよね。そうだろ?」

妻は、頭では「しょうがない」とわかっていても、気持ちは納得できません。そんな思いになるのは、ひどく開き直った言い方に聞こえるからです。この「開き直った言い方」に納得できず、新たな夫婦げんかの火種が残ります。

これを避けるためには、「どうしようもない」「あきらめるしかない」と結論づけるのは自分ではなく、相手がそう言ってくるのを待つ。これが得策です。

○「今度の予定なんだけど、急な仕事が入ってね。どうしても行けそうにないんだ」

と、いかにも残念そうな口調で伝えるのがいいでしょう。妻は、これに呼応します。

○「どうしようもないわね。今回は、あきらめましょ。またの機会に、ね」

と。「どうしようもない」「あきらめるしかない」という言葉を相手に言わせることができれば、話は落ち着くところに落ち着きます。

もしも会議で、「業績が悪化したのは、どうしようもない事情があったからで」「契約解除の件は、あきらめるしかありません」と発言したら、どうなるでしょうか。

「おやおや？　自分の責任を棚上げするつもりかな？」と勘ぐられるかもしれません。どんなに追いつめられても、「どうしようもない」「あきらめるしかない」という言葉を使うのではなく、「どうにかしようと、がんばったのですが」「あきらめずに努力してみたのですが」という姿勢を見せて、上司が「わかった。どうしようもないな、これは、あきらめよう」と言うのを待つ。これで、トラブルは最小限にとどまります。

「あきらめるしかない」と、先に「開き直る」のはダメ。相手が「あきらめるしかない」と言うのを待つ。

15 とっさに出た「マジかよ」「冗談でしょ」は、マイナス印象になりやすい

思ってもいなかったバッドニュースを聞かされて驚く。

そんな動揺したときに、とっさに口から飛び出す「ひと言」は、その人がどんな人であるかを強く印象づけるものです。その多くは「よくない印象」です。

職場の上司から、

「今回のプロジェクトはみんながんばってもらって、私としてもうれしかった。しかし残念ながらトップの判断で、プロジェクトを中断せざるを得なくなった」

と知らされます。

新型コロナウイルスが世界中に蔓延していたときは、事業が突然中断になったり、見直しを迫られたりすることも少なくなかったでしょう。そんなとき、

×「マジかよ」

×「冗談でしょ」

と間髪入れずに、いわゆるタメ口で反応してしまう人がいます。

衝撃がそれほど大きかったのでしょうが、ふいに出たこんな言い方は、「この部下は、まだ社会人として物足りない」といったマイナス評価になりやすい。

このような印象がいったん刻まれると、なかなか変わらないものです。しばらくの間は、「学生以上、社会人未満」といった位置づけをされてしまう可能性があります。

予想外のバッドニュースには、

○「困った事態になりましたね。どうしたらいいですかね」

と、自問自答している素振りを見せるのがコツです。

これが、「思慮深い人だ」「きちんとした社会人だ」という印象になります。

新型コロナウイルスの猛威が下火になり、また新たなプロジェクトがもちあがったときには、最優先に抜擢《ばってき》したくなる「得な人」といえそうです。

驚いたときの「とっさのひと言」に要注意。思わぬところで、自分の評価を下げている。

16 「ちょっといいですか」のひと言で、和らいだ空気をつくる

都合の悪いニュースを上司に報告しなければならないとき、大切なポイントは、「いち早く」「正確に伝える」です。これに加えて「対処策を丸投げしない」。

×「こういう状況になりました。どうしたらいいですか」

だけでは、物足りない。

○「対処策として、こういう方法があると思いますが、ご指示お願いします」

具体的な提案を、前もって考えておきたいものです。

対処策を上司に丸投げして、自分は指示を待つだけ……これでは、自分が担当する仕事への責任感が足りないと疑われます。

報告は、自分で「こうしましょう」という提案を練ってからです。

とはいえ、上司に報告する前に、ともかく自分で解決しようとがんばってしまうのも禁物です。事態がさらにこじれてしまう可能性もあり、そうなれば、「どうして、もっ

と早く報告しないんだ」と叱責《しっせき》されることになります。

上司が嫌うのは「悪いニュースをもってくる部下」ではありません。「報告すべきことがあるのに、報告しない部下」です。悪いニュースではなくても、上司への報告はこまめにやる習慣をもっておくほうが得なのです。

○「ちょっといいですか。**報告したい件があります**」

報告上手な部下は、この、頭出しの「ちょっといいですか」という言葉づかいがうまい。このひと言で、「悪い報告をしなければならない」という心理的プレッシャーが和らぎ、上司も、話を受け入れやすくなります。

いきなり「悪いニュースがあって」と、焦った表情で話しかけられたら、上司も冷静ではいられません。緊張感が高まり、怒鳴り声が響くことが多くなります。

よくないニュースの報告は、「いち早く」「対処策」を考えてからにする。

17 「大人の話し方」と「子供っぽい話し方」、どこが違う？

オフィシャルの場で重要な報告をするとき、できるなら避けたい言葉があります。「ちょっと」「ぜんぜん」「あまり」「すごく」……といった言葉です。

×「先方にちょっと企画を提案してみたのですが、反応がぜんぜんで」

×「接客の仕方があまりよくないって、すごくお怒りのお客様がいます」

これらの言葉を多用されると、子供っぽい話し方に聞えます。どうすれば、大人の話し方になるのでしょうか。

○「先方に企画を提案してみたのですが、反応が悪くて」

○「接客の仕方がよくないって、お怒りのお客様がいます」

「あまり」「すごく」……などを省いて言い換えるだけでも、印象がずいぶん変わります。つけ加えて、どう反応が悪いのか、先方はどう言っているのか、接客の仕方が悪いとはどういうことか、お客様は何に不満をもっているのか、その対処策は……など、具体的に報告できれば、仕事の場にふさわしい、社会人としての話し方になります。仕事場では、すべてが事実に基づいて動いています。大事な案件を報告、連絡、相談するときは、できるだけ具体に行うのが原則です。

「ちょっと」「ぜんぜん」……などの言葉は、気分的なものだったり、ただの口ぐせだったりして、具体性がありません。ぼんやりした内容の、あいまいな報告しかできない人は、「未熟な人」といったイメージになります。

「あまり」「すごく」……といった言葉の多用は、相手が実際以上に大げさに受け取ってしまうこともあります。そこから誤解が生じて大騒ぎになり、その収拾にあたふたする……結局は、自分自身に返ってきます。仕事場での会話は、いつも「事実に基づいて具体的に」です。

「ちょっと」「ぜんぜん」「あまり」「すごく」を多用しない。「大人の会話」は、事実を具体的に話すのが基本。

コラム

「ほめる」ときは、評論家になってはならない

知人が趣味の延長として、絵の個展を開いたりコンサートを開いたりしたときは、なにか「ほめなければならない」といった気持ちになりがちです。けれども、自分は絵や音楽のことは、よくわからない。どう、ほめたらいいのか。

ひとつ言えることは、よくわからないことを「評論する」と、恥をかくことがあるということです。だから、短い言葉で、感じたままを述べるのがいいと思います。

「あの絵は大作ですねえ。いや、感動しました」

「きれいな声で、驚きました。とても心地よく鑑賞できました」

これで十分な「ほめ言葉」となって伝わります。

乏《とぼ》しい知識しかないのに、専門家であるかのように評論する人もいますが、これは、知らず知らずのうちに相手を傷つけてしまうこともあります。

「余計なことは言わない」ことも、ほめるコツです。

第三章

「言い方ひとつ」で人は動く

1 正論をふりかざしても、部下は動かない

他人は、自分の思うようには動いてくれない。

それはわかっていても、どうにかして自分が望むような形で人を動かしたい。そこで私たちがよくやるのが「正論を盾に取った話し方」です。

「仕事は慈善事業じゃない。きちんと実績を出してもらわないと、給料だって支払えなくなるんだからね。私の言っていること、間違ってる？」

おっしゃる通りです。「はい、わかりました」と頭を下げるしかないのですが、その正論の裏には「自分の都合」が隠されていることがよくあります。

面倒な案件を部下に押しつけようとしている、現状がうまくいかない責任を部下に押しつけようとしているといったパターンです。このような「上司の都合」が透けて見えてくると、その正論も、部下は白々しい思いで聞いているだけでしょう。

嫌われる上司の類型のひとつは、この「正論をふりかざして有無を言わせない」といっ

たタイプです。相手の気持ちを考慮することなく、理詰めの正論で命令を下し、部下を精神的に追いつめていきます。これが常態化すれば、いずれ部下がキレることも十分に考えられます。

「面倒な仕事を押しつけるようで申し訳ない。君にも思うところがあるのはわかっている。しかし、この件は誰でもできるものではない。任せられるのは君しかいないのだから、君を見込んでお願いしたい」

部下の気持ちを汲《く》み取りながら、信頼感を率直に伝える話し方のほうが、部下もがんばれます。上司による言い方の配慮が、部下にとっては「心の栄養」になるからです。

正論をふりかざして、「上司が部下に命令するのは当たり前」といった言い方をすると、部下のやる気は少しずつ削られていきます。これが常態化したとき、部下は何を思うか。けっして、いい結果が得られないことは確かでしょう。

部下のやる気は、上司の言い方で決まる。
「あなたを見込んで」と信頼感を伝えてこそ、うまくいく。

2 「こうしなさい」と命令するより、「どう思う?」がいい

×「だから言ったじゃない。私の言う通りになったでしょ」
×「うまくやりたかったら、どうして言われた通りにしないのよ」

こう叱ったとき、この人の得意げな顔が目に浮かびます。しかも、ここには「これからは私の言う通りにしなさい」という意味も含んでいますから、反抗的な部下への「してやったり」の気持ちもあるでしょう。

けれども、叱られた部下にはさらに反感をもたれるだけで、ギクシャクした人間関係はこれからも続きます。

好ましい人間関係というのは、「自分で考えさせる」「自分で気づかせる」ところから始まるように思います。どのような関係であれ、これが基本です。

イギリスのことわざに、「馬を水辺に連れていくことはできても、水を飲ませることはできない」というものがあります。水を飲むかどうかは馬の意思です。

「連れて行く」だけで、それ以上のことはあえて強制しないことが肝心です。
○「どうして、うまくいかなかったんだろう?」
○「こういう方法もあると思うけど、どう思う?」
○「だったら、どうすればいいんだろう?」
と、尋ねるだけにしてはどうですか。

「だろう?」と尋ねるのが、「連れていく」ということに相応します。だからといって、「こうして」と、強引に水を飲ませようとしない方法です。冒頭の二つの言い方は、強制して水を飲ませようとしています。だから「×」なのです。

どうして? と、自分で考えさせ、自分の意思で水を飲む。もし失敗や挫折があったとしても、また、自分でどうすればいいかを考える。

「どう思う?」という問いかけが、自分で考えるきっかけになるのです。


上から目線で「教えよう」とするのではなく、部下に「考えるきっかけ」を与える。

3 「どうして？」という問いかけは、話の最後にする

前項に通じる話として、つけ加えます。

「なんで」「どうして」という言い方をするときには、注意すべき点がひとつあります。相手を一方的に責める口調になりやすいので、使うときには慎重に、ということです。

×「なんで結果が出ないんだ」

×「どうして私が言った通りにしてくれないのよ」

どうですか？　どうしても詰問調になってしまいますね。

これはもう問いかける言葉ではなく、「ダメじゃないか。オレを怒らせないでくれ」「勝手なまねをしないでよ」と怒っている、そんな雰囲気が出ています。こんな「心の声」を感じさせてしまう言い方は、相手を萎縮させてしまいます。

「なんで」「どうして」で話を切り出すのではなく、後ろにもってくるのが、これを回避する方法です。さて、どうなるか。

○「結果が出なかったのは、なんでだろうね」
○「指示した通りにできなかったのは、どうしてかしら」

後ろにもってくることで、「一緒に考えてみよう」「前向きな反省点を見つけよう」といったニュアンスが出てきます。

「～んだ」「～のよ」という言い方にも、やはり厳しく詰問するといった雰囲気が生まれます。そうならないためにも、「～ろうね」「～かしら」のほうがいい。

相手にはやわらかく伝わり、「落ち着いて話しあおう」という、こちらの「心の声」が届きやすい。

その場の状況、話している人の口調や表情、姿勢といったものが、相手の「心を開き」、好ましいニュアンスとして伝わっていくのです。

一本調子の「責め口調」で話すのではなく、やわらかい「言葉づかい」でニュアンスを伝える。

4 「いつまでに終わらせてね」ではなく、「いつまでに終わりそう？」と聞く

「急いでもらいたい」という要望をどうやって人に伝えればいいのか、しばしば私たちが思い悩むテーマです。仕事中はとくに、ですね。

なぜ思い悩むかといえば、急いでいるのは自分のほうであり、相手はとくに急ぐ必要はないからです。それを「急いでもらう」のですから、なかなかうまくいきません。

つい感情的になって、「まだなの」「早くしてくれよ」「ぐずぐずしないで」と声を荒らげては、人間関係にもいろいろな支障が出てきます。相手は「そんなに急ぐんだったら、自分でやってくださいよ」と開き直ることもあるでしょう。

私たちがよくやる失敗に、「圧力をかけて、急がせる」という方法があります。

×「一カ月で結果を出してね。頼んだからね」

×「あなたには一週間もあれば十分でしょう」

有無を言わせず、押しつけるわけです。上司だとか、優位な立場にある取引先がやり

がちですね。相手は、内心では無理だと思いながらも「はい、わかりました」と答えるしかありません。立場による力関係の違いは、こういうところに表れます。

結局は一カ月で結果は出ず、一週間では間に合いません。

「約束したじゃないか」「初めから無理だったんですよ」「だったら、初めにそう言ってくれよ」といった応酬が始まります。

だったら、「初めに聞いておく」ほうがずっと賢明なのではないでしょうか。

「この件だけど、いつまでにできる？」から始めて、

「来月中には何とか」と返答する相手に、

「もう少し早くしてもらえると助かるんだけど」とお願いする。

人を「急がせる」のは、立場の違いを利用しての命令ではなく、相手との相談事と心得ておいたほうが、いい結果につながります。

「締め切り日」を決めるときは、命令ではなく相談事と心得る。

5 感情的になって叱るより、先に謝ってみてはどうか

「あれだけ注意したのに、どうしてこんな失態を招いたんだ！」

叱責には、怒りという感情が入り混じります。そんな怒りが腹の中にあったとしても、腹の中を見せるのはうまくありません。

部下は素直に反省し、この失敗から教訓を学んで次のチャンスに生かしたい、と前向きに考えているかもしれないからです。感情に任せて怒ってしまえば、その「素直さ」「前向きさ」を削ってしまうことになりやすい。

感情的になった人がしばしば口にする言葉に、いわゆる罵倒語があります。

×「何やってんの！」「バカ！」「どうしようもない人だね！」

といった類いの言葉です。

これは「カメの頭叩き」と同じです。頭を叩けば、カメは甲羅の中に頭と足を引っこめたまま、じっとしています。

罵倒語で頭ごなしに怒声を浴びせれば、部下は首をすくめ、手足は硬直し、心理的にも萎縮してしまいます。せっかくの「素直さ」「前向きさ」が生かされません。

叱責しようとする前に、先に謝ってみてはどうか。

○「私の監督不行き届きだった。会話不足で、私にも責任がある。悪かった」

心にゆとりのある上司であれば、これができます。

上司や親、上の立場にいる人は、時に、うまくいかなかった責任を自分が引き取る姿勢を見せると、部下の目には、これが「上司のゆとり」と映ります。

部下の心も素直になり、「いいえ、私の不注意でした」と答え、新たな気あいが入ります。

その上で、今後どうするかについて考えてゆくのが積極的な手順です。

よくない上司は、「叱ること」しかできない。いい上司は、「謝ること」も知っている。

6 叱らない上司が、職場で信頼される

最近、「上司受難」という言葉を聞くようになりました。

上司としての仕事がやりづらくなってきたのです。とくに部下をどう動かすか、部下のやる気をどう引き出すか、という問題についてです。

以前は、部下は「叱って動かす」、これでまずまずうまくいっていました。

怖い顔をして厳しく言えば、部下も素直な人が多かったのか、「はい、わかりました」というやりとりが成立していました。厳しい言葉で叱れない、心やさしい上司は頼りないといった、あまり評価されない空気さえありました。

ところが最近は、ちょっと注意しただけで部下はふてくされる、反抗的な態度を示すくらいならまだマシで、パワハラだ、セクハラだと大騒ぎされる心配もあります。

叱るのは部下への愛情からであり、乱暴な言い方も愛情表現のひとつ。以前の上司は、こんな気持ちがあったかもしれませんが、仮にそうだとしても、

×「なにやってるんだよ。結果がすべてだろ！」
×「言った通りにやってもらわないと、困るんだよ」
こんな調子では、部下は立ち上がるのもつらくなります。
だからといって、何も言わずに「私の背中を見て学べ」というやり方も時代にそぐわないでしょう。私の提案は、「部下の話をよく聞くところから始めよう」です。
○「状況を説明してもらえないか」
○「あなたの考えを聞かせてください」
このような態度が、信頼の証しとなります。「この上司なら、自分をわかってくれる」と実感させるのが効果的です。
部下も、上司に協力的な態度を示し、みずから働き出すはずです。

きつく叱るだけでは、部下は動かない。話をよく聞いてからサジェストする。

7 名前の呼び捨てがいいか、「さん」づけがいいか

職場の部下を「さん」という敬称をつけて呼ぶべきかどうか？　はっきりとした答えはないのでしょうが、参考までに、ある女性の話をします。

彼女は大学院を卒業して、専門職として就職したのですが、そこで「おーい鈴木ぃ、これやっといて」と、上司から名前を呼び捨てにされたそうです。自分の名前を呼び捨てにされたのは、「生まれて初めての経験だった」らしく、「なにか自分が、ただの道具として扱われているようでショックだった」そうです。

今の若い人たちには、「軽々しく扱われている」ように感じるのかもしれません。

×「ねえ、ちょっと鈴木」

○「あの、ちょっと鈴木さん」

実際に、部下を「さん」づけで呼ぶ会社が増えてきているようです。社員募集のアピールとして、「わが社は、部下を『さん』づけで呼ぶフラットな会社です。若い方々もの

びのびと実力を発揮できます」と謳《うた》っている会社もあります。

そんな「フラットな社風」をアピールする会社では、部下を「君」づけで呼ぶのも控えているそうです。「君」には、上下の力関係を感じさせることがあるからです。

一方で、いつまでも「さん」づけでは、お客様扱いされているようで居心地がよくない、という若い人もいます。上司や先輩に呼び捨てにされてこそ、「戦力」として認知された証しであり、人間関係もうまくいき、安心できるらしいのです。

社外的に「わが社で～を担当している鈴木です」と、呼び捨てで紹介するのはビジネスマナーとして当然かもしれません。

しかし社内では、部下を呼ぶときには「鈴木さん」が穏当なのかもしれません。もちろん、どの会社にも「社風」といったものがありますから、一概には答えられないのですが。

呼び捨てにされると傷つく人もいる。「さん」づけで呼ぶのが穏当かもしれない。

8 込み入った理屈は伝わらない、もっとストレートに！

×「君に期待しているからこそ、あえて厳しく言うんだが」

という上司に対して、ひと昔前の部下であれば、「ありがとうございます」と真剣なまなざしを向け、厳しい叱責にも耐え、気合いを入れ直したのかもしれません。

さて、今はどうなのでしょう？

「本当に期待してくれているの？」「部下に当たり散らしたいだけなんじゃないの？」と、シラケた気持ちになる部下のほうが多いのではないでしょうか。

若い人たちは基本的に、単刀直入な話ならストンと頭の中に入ります。ところが、回りくどい話、込み入った理屈には耳を傾けようともしない。

「期待しているから、厳しくする」って、「期待してるの？　厳しくしたいの？　どっちなの？」と。上司には、「期待する」と「厳しくする」を、はっきり区別する話し方が必要かもしれません。

「君には期待してるんだよ。先頭に立って、みんなを引っ張っていってほしい」

と、純粋に期待していることをストレートに伝えたいものです。

人には、次のような心理傾向があることも知られています。

いい話をしてから、悪い話をする。そうすると、話を聞いている相手には「悪い話」のほうが強く印象に残るのです。

「期待しているから、厳しくする」といった話し方では、「厳しく」という言葉だけが強く響き、「期待する」という言葉は、添え物のような意味にしか感じられないのでしょう。

込み入った理屈や、心情あふれる言い回しを避けて、ストレート一本の、
○「期待しているから、さらなる活躍を願う」
といった話し方がストンと部下の心に届くのです。

相手にとっての「いい話」と「悪い話」を同時に言わない。「いい話だけ」「悪い話だけ」のほうが伝わりやすい。

9 刺々しい言い方で「やる気を出してもらう」は、逆効果になる

企業においては、正社員が少なくなって派遣社員やパート、アルバイトが増えているそうです。従業員の半分、あるいは半分以上は非正規、といったデータもあります。それだけ、非正規が企業にとって大きな戦力になっているのでしょう。

ところが、正社員が非正規にパワハラまがいの暴言を吐く、といった話もよく聞きます。暴言とまではいかなくてもいちいち文句が多く、言わなくてもいいことまで言ってしまい、非正規の気持ちを追いつめることもあるらしいのです。

非正規には、「正社員と同じように働いているのに」という不満が大きく、やる気をなくしていく人も少なくないようです。しかし今や、企業を支える「戦力」として不可欠の非正規の人を萎縮させるのは、企業にとっても大きな損失です。

立場の強い人が、立場の弱い人に高圧的な言い方をする……よくある光景ですが、おそらく、正社員の人は「自分は大変な思いで仕事をしているのに」といった思いがあ

るのでしょう。だから非正規の人の仕事ぶりが「お気楽」に見える。

×「これだから非正規は困るんですよ」

×「責任がないから、お気楽だよね」

現場には現場の、その人にはその人なりの大変さがあるはずですが、忙しさに追われているせいか、刺々《とげとげ》しい言葉が、ふいに口から出てしまいます。

○「あなたにがんばってもらっているおかげで、本当に助かっています」

○「△△さんはしっかりやってくれるから、安心して任せられますよ」

このような、ゆとりのある声かけしてみてはどうでしょうか。

「ああ、自分の仕事ぶりを見てくれているんだな」とわかれば、非正規の人も安心できますし、さらに活力が増すはずです。非正規社員にいかに気持ちよく働いてもらうかが、企業の盛衰を決める。そう指摘する専門家もいます。

立場の違いと先入観で、小言ばかり言わない。「大切な戦力」として尊重する。

10 言い方に「餌をつける」と、部下は本気になる

お互いに気持ちよく働いてこそ、職場が活気づく。これはみなさん、実感できるのではないでしょうか。

みんながストレスだらけでは、職場の空気も停滞してしまいます。「お互いに気持ちよく」仕事をしてこそ、成果も上がります。

その意味で、上司の「言い方」は重要な役割を担っています。

「あなたの提案なんだけど、はっきり言って、物足りないんだよね。なんというかなあ……面白味がないし、興味も湧かないしなあ」

これでは、ただの「ぼんやりした感想」です。「物足りない」「面白味がない」といった、上司の気分次第のような言い方をされたら、部下も、反感が先に立つのではないでしょうか。ストレスばかりが溜まり、いいことはひとつもありません。

こう言ってみてはどうでしょう?

「もう一工夫すれば、もっと面白くなるよ。君にはいいところがあるんだから、それを生かしたら、すばらしい成果を得られるよ」

魚を釣るには、餌《えさ》が必要です。「餌」とは、相手をその気にさせる言い方です。「物足りない」「面白味がない」では、言葉の餌にはなりません。魚（部下）はスルーして、この釣り人（上司）を軽く見るようになるでしょう。

「面白くなる」「いいところがある」「すばらしい成果が得られる」といった前向きな言い方をしてこそ、魚を食いつかせる「いい餌」になります。

部下をその気にさせることができれば、上司は得。自分が成長するきっかけを得られれば、部下も得。会社の業績が上がれば、会社も得。古い喩《たと》えですが、この「三方よし」の考え方を基盤にして、部下とコミュニケーションをとってみてはどうですか。

文句を言うだけの人は、軽く見られる。
希望をもたせる言い方ができる人に、人は引きこまれる。

11 人の「察する能力」に期待して、おだやかに話す

相手の「弱み」にふれる話をしなければならないときは、慎重でありたいものです。同じ職場に、要領が悪く、仕事をテキパキこなせない同僚がいるとします。その同僚のせいで、全体の仕事まで遅れがちになり、ときには、残業になってしまう日もあります。その人のところで仕事が滞っているのがわかると、「また、あいつか」とイラッとし、つい感情的になってしまいます。

「ぐずぐずしないでくれよ。あなたのせいで、ぼくは、いや、ここにいるみんなが迷惑しているのがわからないのか」

相手の弱みにふれるとき、こちらの本音がほとばしるような言い方では、相手を傷つけるだけに終わります。では感情的になるのではなく、冷静にきちんと「指摘する」ならいいのか。これもうまくありません。

テキパキできない人のほとんどは、自分が要領よく仕事を処理できないことがわかっ

ています。まわりの人たちに迷惑をかけて申し訳ない、という気持ちもあります。人知れず、「早くやろう」「迷惑をかけないようにしよう」と努力しているものです。それに「ぐずぐずするな」と指摘されたからといって、人はすぐに変われるものでもありません。ここは、相手の「察する」という能力に、おだやかに訴えるのがいいと思います。

「君って、一つひとつの仕事に、ひたむきに取り組むタイプなんだね。どうりで、ミスが少ないわけだ。ぼくらも安心だよ。ただ、もう少し早く仕事をこなす……」

「察する」というのは、言葉の裏にある「本当に言いたいこと」を理解することです。これは、最後のところを言いたいんだな、仕事のスピードをアップしてほしいっていう要請なんだな……と察してくれるでしょう。

これでしばらく様子を見るのが、お互いにうまくいく方法なのではないでしょうか。

相手の「弱いところ」をストレートに突くのではなく、それとなく「わかってもらう」言い方をする。

12 「君の豹変する姿を見たい」と、期待を示す

文句を言いたくなってしまうのは、腹が立っているからです。つい荒々しい言葉づかいになってしまうのは仕方のないことかもしれません。

けれども相手も反発し、言い返し、ふてくされます。もしかしたら、「倍返し」のごとく、猛烈な勢いで言い返してくる部下もいるでしょう。

イライラvsムカムカの対立関係になりやすく、しばらくの間は、お互いの関係もギスギスします。どちらの立場であっても大変ですね。

入社七年目なのに、これといった活躍を見せてくれない部下にイラッとなり、

×「いつまで甘えてるんだ。もう新人じゃないんだから、責任のある仕事をしろ！」

×「何やってるんだよ。このままじゃ、二年後輩の△△君にも抜かれるぞ」

このように奮起を促すために、いきなりまくし立てたとしても、あまり効果はありません。

「おれだって、がんばってるんだよ」と、さらなる反発を生じさせてしまったり、あるいは、「どうせ私は」と、かえって萎縮させてしまったり、どちらにしても、いいことはありませんね。

もっとポジティブな言い方に換えてみては、どうですか。

○「君はきっと大器晩成タイプなんだろうが、君が豹変《ひょうへん》する姿を見てみたいよ」

○「ぼくの部下でいるあいだに、豹変してくれよ。よろしく頼むよ」

このほうが、部下に「ボヤボヤしてはいられないな」と思わせるのではないか。

ちょっとした言い方、言葉づかいの違いによって、相手の心の「何に」訴えるかも変わってきます。部下をへこませる言い方ではなく、部下を引っ張り上げるためには「何を」「どう言うか」、ここが上司の力の見せどころともいえます。

強い言葉は、かえって部下の反発を呼ぶ。明るくユーモアを交えて、部下に希望と自信をもたせる。

13 ほっとする言い方ができる人、不安を煽る人

「不安を煽って、人を動かす」という方法があります。独裁政治のリーダーが使ってきた手法、あるいは、宗教団体への勧誘にもよく使われたそうです。

仕事でも、同じような言い方をする人がいます。

×「もっとがんばってもらわないと、あなたね、会社で居場所がなくなっちゃうよ」

このような言い方は、上司にとっては「有効」と思えるのでしょう。これで部下も仕事に一生懸命になるだろう、と。けれども、これは逆です。部下を、仕事も手につかないといった心境にさせてしまいます。

次のように言い換えてみたらどうでしょう。

○「だいじょうぶ、何とかなるから」
○「気にしないでいこう、希望をもってね」
○「ゆっくりいこうよ。今日一日を大切にして」

このような心情が行き来している仕事場のほうが、活気が生まれやすいと思います。

「一日一生」という言葉をご存じですか。

今日という日を、自分の生涯すべてのように思いなして暮らしていくことです。

朝は起床とともに生まれ、夜は就寝に伴って死ぬ。今日という日で自分の人生が終わってしまうのですから、あえて明日何をするかは考えない。明日のことを考えると、不安なことや心配事が脳裏を駆け巡るからです。

明日はない。だから今日という日を精いっぱい生きる……たとえば、ともすると不安感にさいなまれるコロナ禍の頃などは、こんな心境で日々を過ごすのがよかったのかもしれません。

「今日がすべて」と腹が据われば、まわりの人たちにも「腹が据わった言い方」ができるようになるはずです。

不安は、人から「活気」を奪う。安心させてこそ、人は活発に動く。

コラム 「困るよ」を「助かるよ」に言い換える

×「結果を出してもらわないと、困るよ」
○「結果を出してもらえれば、助かるよ」

同じようなことを言っているようですが、相手の受け取り方はずいぶん違います。「困るよ」には、自分の都合の押しつけ、といった雰囲気が出ます。相手は「強いられている」といった受け取り方をして、いまいち「やる気」が出ません。「助かるよ」は、謙虚な言い方です。相手からすれば、こちらのほうが「やる気」が出ます。「私が助けてあげるしかない」と、能動的な気持ちになるからです。

第四章

「ポジティブな言葉」に言い換える

1 文句を言いたいときは、逆に「やわらかい言い方」にする

あるキャビンアテンダント（ＣＡ）の、新人のときの話です。

ファーストクラスの乗客がシャンパンを注文しました。

シャンパンの栓は本来、控え室で抜くのが決まりになっていたそうですが、その乗客が見ている前でポンッと音を立てて抜けば、余興として喜んでもらえるのではないか。そう思いつき、実行したそうです。

すると瓶の口からシャンパンが吹き出し、前の座席にいた乗客の背中をビショビショに濡らしてしまった。もちろん誠心誠意お詫びをして、できるだけの対応もしたそうです。

飛行機が目的地に到着し、その乗客に改めてお詫びします。

「とても不愉快だった」といった叱責の言葉が返ってくるものと覚悟していたのですが、「今日は楽しい経験をさせてもらいました」。ＣＡさんは、救われた思いだったそ

うです。

駅などの窓口で、罵詈雑言《ばりぞうごん》を浴びせている人を見かけることがあります。

×「早くしてくれよ、私は忙しいんだ」

×「このチケットのどこに、そんなことが書いてあるんだ？」

その場を通り過ぎるだけで嫌な気持ちになります。文句を言うにはそれなりの理由があるのでしょうが、もう少し、やわらかい言い方ができないものか。
○「こうしてくれると、私はとても助かります」
ネガティブな言葉を連ねるのではなく、ポジティブな言葉に言い換えると、その場の空気が殺伐としたものではなくなります。

カッカしながらではなく、「心おだやかに文句を言える」ところがいいのです。

ポジティブな言葉に言い換えると、相手が受け入れやすくなる。

2 世代が違っても、お互いに「教えてもらう」と共感できる

若い世代がオジさん世代オバさん世代を、中年世代が若い人たちを……世代が違う相手をほめるのは難しいものです。ともするど嫌味な話し方になったり、説教臭い話になりがちです。

とはいえ職場にせよ、家族にせよ、世代が違う者同士が共感し、手を携《たずさ》えて生きていこうとする気持ちは、とても大切です。

世代が違っても、お互いに「ほめあう」。そんな習慣を提案します。

×「今の若い人たちのことは、私らにはよくわからん」

×「昭和世代の人たちには、どうせわかってもらえませんから」

最初から理解しあうのを拒絶して、相手を突き放すような言葉づかいは反則です。「わからないから、教えてほしい」という話し方をするのが正解です。

○「今の若い人たちのあいだでは、どんなことが流行っているの？　教えて」

○「お父さんが私の年齢のとき、何を考えていたの？　何をしたいと思っていたの？　参考にしたいから教えて」

「教えてほしい」のは、相手の知識や経験を敬っているからこそ出てくる言葉です。ですから、ほめ言葉ですね。

この言い方で、思いがけない知識を得られます。

旺盛《おうせい》な好奇心は、自分の人生を豊かなものにします。上の世代の人たちに教えてもらって歴史を知り、若い人たちから教えてもらって今を知る。違う世代と交流していくのは楽しい経験です。

私も大学の教員をやっていたときは、学生たちとの交流が多く、共感しあえるものを見つけるのが楽しかったものです。私自身の若返りのヒケツでもあったようです。

「わからないからわかりあえない」と考えるのではなく、「わからないから教えてほしい」と言ってみる。

3 「こんなの、初めて」は、最上のほめ言葉

若い人たちが職場の上司に、気軽に出入りできないような銀座のバーに連れていってもらって、「こんなの、初めてぇ！」と歓声をあげる。

とはいっても最近は、立場が逆転しているらしい。

年配の人たちが若い人に、最新の流行スポットに案内してもらって、「こんなの、初めてぇ！」と絶叫する。

この「初めてぇ」は、異世代間の「ほめ言葉」として使えそうです。

上の世代の人には、

○「そう言ってもらったのは、初めてです。さすがにご経験を積み重ねた方のお言葉は身に染みます。ありがとうございました」

下の世代の人には、

○「斬新な提案だね。こんな提案をしてくれたのは、君が初めてだ。年を取ると頭が

固くなってね、君のように柔軟な発想ができなくてね。今後も頼むよ」

これとは逆の意味になる「また」は、嫌味な話し方になりやすい。

×「また、説教ですか」

×「また、君か」

日々の生活の中で「初めて」という言葉をたくさん使う人は、自分の心にも新鮮な風が吹き込んできます。明日はどんな「初めて」に出あえるだろうと、明るい気持ちになれます。

「また」ばかりを使っていると、マンネリ感に取りつかれ、心がどんよりしてきます。変わり映えのしない日々の中にも、あるいは職場の中にも、探そうと思えばたくさんの「初めて」があるはずです。

「また」という言葉は使わないようにする。「初めて」という言葉をたくさん使う。

4 「心配している」より、「心配ないと思うけど」がいい

親が子を、上司が部下を心配するのは、当然のことでしょう。しかし、その「心配する言い方」が、相手をうんざりさせることがあります。

地方在住の母親が、都会でひとり暮らしをしている子に対して、

×「ちゃんとやってる？」

×「だいじょうぶ？」

子を思う親心から口に出るのでしょうが、「私はもう子供じゃないんだから」と、反発する子のほうが多いのではないでしょうか。

職場では「どうだ？」「問題はないか？」「うまくいっているか？」と部下のあいだを聞き回っている上司は、「部下かわいや」の気持ちから心配事も増えるのでしょうが、かえって「うるさいなあ」と思われているようです。

心配なことをストレートに伝えるのはタブーです。

言葉づかいとしては、「心配」ではなく、「信頼感」を込めるのがコツです。

○「あなたなら心配ないと思うけど」

○「君は、だいじょうぶだと思っているが」

後は、「何かあったら言ってね」で、いいのではないでしょうか。

こちらから問いかけるのではなく、相手から言ってくるのを待つ。この「待つ」という姿勢を見せるのも、信頼感の表し方のひとつです。

信頼されていると実感するから、子は親に孝行したいと思います。部下は、上司の顔を思い浮かべて「がんばらなくちゃ」と思います。

「心配されている」ことがわかると、自分の能力を信頼してもらっていないように感じてしまうのですね。かえって反発心を起こす原因になります。

心配する言葉づかいは、マイナスに作用する。信頼する言葉づかいは、プラスに転化する。

5 「心配していた」より、「元気そうじゃないか」がいい

前項に通じる話をひとつ。久しぶりに会う友人から、

×「だいぶ長いあいだご無沙汰だったから、心配していたんだよ」

と言われたら、どんな気がしますか。

この「心配していた」に、引っかかりませんか。

心配してもらうのはありがたいけど、どこか上から目線の感じもあります。

「人に心配してもらうほど、情けない生活をしていたわけじゃないよ。それに、そもそも本当に心配なんてしてくれていたの?」と言い返したくもなってきます。

悪気がないのはわかります。「心配していた」というのが友情の証《あか》し、という思いから出る言葉だろうと思います。

けれども、友情の証しを見せてくれるなら、

○「元気そうじゃないか。僕もうれしいよ」

と言ってくれたほうが、どんなにうれしいか。

「心配していた」と「元気そう」では、後者のほうがずっとポジティブです。

「元気そうじゃないか。安心したよ」

という言い方をする人もいます。こちらが病みあがりの身ならまだわかりますが、そうではないのに「安心した」と言われるのも、「どうもなあ」と感じます。

人の顔をじろじろ覗《のぞ》き込んできて、「ちょっと、お疲れ気味？」と聞いてくる人もいます。本当に疲労困憊《こんぱい》しているときなら「気づかってもらって、ありがとう」ですが、そうではないときは、「余計なお世話だ」と、イラッとすることもあります。

疲れた顔をしていたとしても、「調子は、どう？」でいいのです。「最近、ちょっと疲れ気味で」というセリフは、こちらから言わせてもらいたいものです。


「心配していた」と言われると、気分が下がる。

「元気そう」と言われると、気分も上がる。

6 「でも、しかし」とすぐに反論すると、話は前に進まない

納得できない、反論したい……そんな場合に使ってはいけないフレーズがあります。

×「いや、でも……」

×「しかしですね……」

×「そう言われても……」

といった逆接表現です。

これは相手の言い分を否定していることになります。これをひっくり返すのは、大変な労力を要します。ほとんどが堂々巡りの話しあいになりそうです。

反論とは、相手との合意点を見つけ出すためにするものです。目的は、自分も相手も納得できる落としどころを探ることです。そのためには、

○「ごもっともな意見ですね。それでは、こうしませんか」

○「すると、あなたのご意向は～ということなのですね。それでしたら……」

○「おおむねそれで結構ですが、そのためにも、ひとつだけ……」

ここにある「それでは」「すると」「でしたら」「そのためには」といった言葉は、順節表現といわれるものです。逆接、ではなく順接。

相手の意向を受け入れながらも、「それでは」「そのためにも」という順接表現で話をつなげ、「私としては、こうしてもらいたい」と詰めていくことができます。

「この予算では無理ですよ。経費節減ってうるさいんですよ」と拒否されたら、

「ごもっともですね。それでは、これでは?」

「もうひと声、お願いできませんか」

「そちらさまのご希望は?」

「この程度、ということでは?」

など、順接表現を重ねていくことで徐々に合意点に近づいていけます。

逆接表現での反論は、話がつながらない。
順接表現で話をつなげて、合意点に近づく。

7 相手の「得になることを説く」と、すんなりと説得できる

「あなたのためを思って」……ここには、押しつけがましい印象もあります。「あなたのため」と言いながら、実は「自分のためではないか」と、疑う人もいます。「あなた、無駄づかいばかりするでしょう。だから、お金の管理は私がやってあげます。あなたのためを思って言っているんだからね」

妻にこう言われた夫は、「自分が好きに使えるお金を増やしたいだけなんじゃないの」と言い返したくもなるでしょう。

「説得」という言葉は、「得を説く」と書きます。

相手の「得になること」を実証的に、誠実に伝えれば、相手はすんなりと納得するでしょう。けれども、相手を思いのままに動かすための方便として「あなたのためを思って」と言っても、疑われてしまいます。

「ねえ、月に二万円ずつ積立貯金しましょうよ。そうすれば一年後に、まとまったお

金を有効に使えるでしょ」

夫が「確かに、それは自分の得になる」と実感できる話し方ができれば、もう「あなたのためを思って」という言葉を使わなくて済みます。

言い換えれば、本心から「あなたのためを思っていた」としても、この言葉を使わずに相手を説得するには、何をどう話せばいいのか。これを工夫することが、話し方が上達する早道です。

野球の野村克也さんは、嫌味っぽい話し方をするイメージがあります。けっして「あなたのためを思って」といった言葉は使いませんが、まわりの人たちに慕われていました。それは多くの若い選手に「野村さんの言うことを聞いていれば野球がうまくなり、自分が得をする」という信頼感があったからでしょう。

「押しつけがましさ」と「疑心」を感じさせない言い方が、人を信用させるのです。

「あなたのためを思って」と言わないほうがいい。押しつけがましさと疑心を感じさせない話し方を。

8 「感情コントロール」が大切な、もうひとつの理由

自分は一生懸命に仕事をしているのに、まわりの同僚たちはやる気があるのかないのか、のんべんだらりとしているように見える。自分だけががんばっていて、まわりはイイカゲン。つい感情的になってしまう状況でしょう。思わず、

×「だらだらしないでよ。さっさと仕事やってよ、もうっ！」

といったひと言が、口から飛び出してしまいます。

けれども、「なに、この人」と白い目で見られるのがオチではないでしょうか。

「言い方ひとつ」で損をするか得をするか。

大切なポイントのひとつは、「いかにして自分の感情をコントロールするか」にあると思います。

「私が、こんなにがんばっているのに」と、腹立ち紛れに言葉を発すれば、刺々《とげとげ》しいものになってしまいます。そして、このときの語気の強さや怒りの表情が、「その人

の全人格」かのように印象づけられるのですから、結果として、自分が損をします。

こんなときには、ひと呼吸置く。深呼吸を何度か繰り返してもいい。一説では、六秒程度だそうです。たった六秒、黙って、大きく息を吸ったり吐いたりしているうちに、怒りの感情は収まってきます。

○「△△さん、あの件だけど、どの程度進んでる?」

相手を責めるのではなく、仕事の進捗状況を事務的に聞くことが、お互いに感情的なシコリを残さずに会話を重ねていく「得な方法」です。これなら相手も「あ、遅れていてごめん。すぐ仕上げるから」と反応してくれるはずです。

まわりの人たちが雑談に興じているときは、自分も加わっていく「心のゆとり」があってもいいと思います。精神的なゆとりが、ゆとりある言い方につながります。

人を許せなくなったら、六秒間の深呼吸を。感情的になったときの言葉は、強く印象づけられる。

9 相手への「怒り」は、おだやかに伝えてみよう

「怒り」を無理に抑えこむ必要はありません。時には怒ったり、厳しく注意を促さなければならない場合もあるでしょう。

怒りという感情を自分の内に抱えこんだまま押し黙っていれば、怒りの行きどころがなくなり、一気に爆発する事態にもなります。いわゆるキレるという状態ですが、そうならないためには、自分がその方法を身につけるしかありません。

怒りを伝える「言い方」には注意が必要です。

×「いいかげんにしてよね」

×「むかつくんだよね」

×「絶対に許せない」

これを言い換えると、どうなるか。

○「とっても残念に思っているのよ」

○「困った状況になっているのは、わかるよね」
○「このままでは、取り返しがつきません」

これは、相手を責めていません。自分の気持ちをわかってもらい、今の状況を相手と共有するための話し方です。一方的に怒ったのでは、ただ「怒った」という事実が相手に記憶されるだけです。「わかってほしい」「共有したい」という思いがあってこそ、言いたいことが穏やかに相手の心に沁みこみます。

「一語一語をていねいに、ゆっくり話す」
「高くない声で、抑揚をつけずに話す」
「相手をしっかり見つめて話す」

これも「穏やかに話す」ためのコツであり、相手の心に沁みこみます。

怒りの感情を伝えるのではなく、「共有したい」思いを静かに伝える。

10 相談しながら、「こうしてほしい」と要望する

×「言いたくはないんだけどね」

人からいきなりこう切り出されたら、ドキッとします。何を言われるんだ？　自分では気づかないうちに迷惑をかけていたのか、と。

×「何度も言わせないでほしいんだけどね」

これもハッとします。何度も？　何を言われていたんだっけ？　と。

「え、なに、私なんかイケナイことをした？」と、おそるおそる聞いてみると、打ち合わせの時間を変更してほしいだったり、初めて聞く話だったりします。

こんな言い方をする人は、相手の意表をついて動揺させてから、自分の都合を押し通そうとする作戦なのでしょうか。

実際、こんな話があります。

「言いたくはないんだけど、あなたの企画のアイディア、あれ、私は二年前から考え

ていたことなのよ」と言ってドキッとさせてから、「だから、私がやるから」と。もちろん断りますが、それも計算づくなのか、「じゃ、一緒にやりましょ」と、その企画に相乗りしようとする人もいるようです。けれども、この作戦は相手の反発心を起こさせるだけです。

「こうしてほしい」という要望を伝えるときの大切なひと言は、

○「相談したいことがあるんだけど」

です。何であれ、上から目線の声かけは失敗の元です。会話の中で「お願い」していく言い方が自然であり、話もまとまりやすいのです。

人との話しあいは、手間がかかります。しかも、要望が一〇〇%通ることはほとんどなく、理想の姿から見ればだいぶ割り引かれますが、それがもっとも現実的で、両者にとって「得になる」方法です。

意表をつく「ひと言」は、相手の反発を招く。「お願い」と「相談」で、話は自然にまとまる。

11 「私は怒ってる！」と口に出すと、ますます腹が立ってくる

とっさのひと言には、そのときの「感情のまんま」が表れます。

「あなたに会えてうれしい」「今日はとても楽しかった」といった感情であれば、その「うれしい」「楽しい」という感情は、すぐに相手と共有できます。

けれども、怒る、不満、イライラといった感情もまた、「そのまんま」表れるところがやっかいです。

ネガティブな感情は、相手の心にもネガティブな感情を引き起こし、不信、反発、憎悪という感情を植えつけます。

ちょっとした行き違いがあって「冷戦状態」になっている同僚がいるとします。これを解決するために顔あわせをしようとなったとき、最初の言葉はどうあるべきか。

まず、「これを言ってはダメ」という言い方。

×「私、怒ってるのよ。もうガマンできないの！」

×「不満だよ。僕の顔を見ればわかるだろ！」
×「あなたとは、もう一生、話したくないんだけどね」
出あい頭に「怒っているんだから」と言葉を発すれば、その感情はいっそう大きくなり、ふた言めには、さらに荒々しい言葉をぶつけることになるでしょう。
顔をあわせたときの「最初のひと言」が、とても大切になります。
○「落ち着いて、どうしたらいいか話しあいましょう」
○「整理してから、今後の対策を練ろうじゃないか」
○「ゆっくり話しあいましょう。あなたは、どうしたいの？」
感情を静めて話しあってこそ、お互いに得になる答えが見つかります。信頼関係をこわすのではなく、一緒に解決策を見つけ出すことが「現実的な対処法」といえます。

ネガティブな感情を言葉にしない。落ち着いて話しあう環境をつくる。

12 言い争いを避け、「あなたはそう考えるのですね」と始める

「私はこう思います」と発言したところ、「そんなの、くだらない意見だと思います。それよりも〜」とやり返される。思わず、カッと頭に血が上ります。

×「僕の意見をくだらないというけれど、君の意見のほうがずっとくだらない」

売り言葉に買い言葉。ケチをつけてくる相手に、ケチをつけ返す。収拾のつかない、感情的な言い争いの始まりです。

これを回避するために、いったん相手の意見を引き取ってみてはどうか。

○「なるほど、あなたはそう考えるんですね。しかし私は、やはり〜」

反射的に「いや、違う！」と反論するのではなく、「あなたはそう考えるんですね」と相手の言い分を聞いてから、「しかしですね」と落ち着いて反撃に転じる。この方法なら、話も穏やかに進み、余計な衝突にエネルギーを奪われることもありません。

「金持ち、ケンカせず」の精神で、話しあって合意点を見つけ出すほうが、ずっと得です。

お互いに「まあ、いいだろう」ということになれば、そこから次のステージに向かえます。ずっとケンカして、同じステージでお互いに「動けないまま」でいることと比べれば、天と地ほどの差があります。

ちなみに、この「あなたはそう考えるのね」という言い方は、屁理屈ばかりこねて、みんなで決めたことに従わない人を説得するのにも有効です。

ああでもない、こうでもないとダダをこねる人にイラッときて荒っぽい言葉を発したくなったとき、試してみてください。それが屁理屈であろうとも、「なるほど。あなたの考えはそうなのね」と引き取り、それから「でも、私たちはこう決めたの」と念押しする。話しあいの姿勢をキープしたままでいることで、相手を説得できます。

売り言葉に買い言葉では、不毛の言い争いになる。相手の言い分を、いったん受け入れてみよう。

13 ポジティブな言い方に換えて、人の心に点火する

ポジティブな言葉づかいを心がけている人は、まわりの人を安心させる人であり、「頭のいい人」「頼りになる人」と見なされます。

「どういう言い方をすれば、より効果的に相手に受け入れられるか」と考えてから、ものを言うからです。いつも頭が働いていています。ボキャブラリーも豊富で、とっさのひと言も、「適切に」口から発せられます。

相手の気持ちを考えてから、ものを言う。これだけなら簡単かもしれませんが、これが常態化して、「いつもポジティブ」に言い換えるというのは、なかなかできません。

大人しい、覇気がない、「こうしよう!」という主張がない。いつもまわりの動向をうかがっている。

そんな性格の人に、ふだんから物足りなさを感じていたとしましょう。その人が、大事なことを決めなければならないときでも黙っている。「こいつは何も考えていない」。

ついイラッときて、

×「何か言ってよ。あなたには自分の意見ってものがないの！」

と、きつく当たる。けれども相手はますます閉じこもってしまうことのほうが多いと思います。ウサギを捕まえようと手を振りあげたが、驚いたウサギは巣穴の奥へ逃げこんでしまった、そんな状況です。

○「ふだん大人しい人ほど、イザってときは頼りになるもの。あなたの意見、聞かせて」

前向きな言い方のほうが、ずっとうまくいきます。巣穴からウサギを誘いだすためにポジティブな言い方に換えるのが、頭のいい人です。

きつく当たって、人を追い詰めない。明るい言葉づかいで、前向きのメッセージを送る。

14 相手に寄せる希望を、素直な言葉にしていこう

「やっぱり積極的にガンガンいかないとね」「このチャンスに何もしないなんて、バカだよ。グイグイいかなきゃ」と、口では勢いのある話をしながら、その本人は一向に動きだす気配がない。そんな行動が伴わない人につい、

×「あなたは、まったく口先だけの人なんだから」

と文句を言いたくなるのですが、それで、その「口先さん」が素直に行動派に変身するかといえば、おそらく逆効果です。

ひとつ文句を言うと、ネガティブな言葉の羅列《られつ》になりがちです。状況を悪いほうへと導いてしまう、損な言い方でもあるのです。

ポジティブな言い方に換えてみてはどうか。たとえば、

○「有言実行の人っていいよね。いちばん信頼できるよ」

といった言い方です。こう言ったからといってすぐに効果が表れるわけではないにし

ても、文句ばかりを言うよりは効果的です。時間が経つにつれて、漢方薬のようにじわじわと効いてくるはずです。

×「あなたの、こんなところがイヤ」

という言い方ではなく、

○「あなたには、こうなってほしい」

と、自分の思いを伝えるのがコツです。

この方法は、仕事場の同僚だけでなく、親子関係、夫婦関係、恋人関係など、とくに「近い関係」ほど効果が見こめます。

相手に寄せるあなたの希望は、静かに少しずつ形になってくるはずです。

「あなたのここがイヤ」と指摘するのではなく、「あなたにこうなってほしい」と明るく伝える。

コラム

「とりあえず」では、どうも気持ちが上がらない

「とりあえず、やっといて」「とりあえず、やっときました」という上司と部下の会話。これ、やる気が伝わってきませんね。

私には、「やっといて」「やっときました」でいいように思いますが。

無意識のうちに、つい口から出るのが、この「とりあえず」というひと言ですが、これを言い換えるとすれば、「取り急ぎ」がいいのではないかと思います。

「取り急ぎ、やっといて」「取り急ぎ、やっときました」

このほうが仕事はテキパキと運んでいきそうです。職場の空気も活性します。

居酒屋に入ったときの「とりあえずビール」は開放感を象徴する言葉のように聞こえます。

仕事場では「取り急ぎ」、酒場では「とりあえず」ですね。

第五章

「聞き上手」が会話をリードする

1 それは「いい忖度」ですか、「よくない忖度」ですか

忖度《そんたく》するという気持ちがあれば、言葉づかいはやさしい誠意のこもったものになるはずです。「忖度する」とは、もともとは「相手の気持ちを推し量《おはか》る」といった、どちらかといえば、いい意味で使われていました。

ところが最近は、偉くて地位のある人の意向を推測して、盲目的にそれに従って「よくないこと」に手を貸す。そんな意味になってきたようです。

本来の意味に戻って、人と人とは、忖度しあって暮らしたいものです。

×「結婚なんて、そんなものよ」

×「世の中、甘くないさ」

×「そういう人って、多いよね」

ちょっとした上から目線が、こんな言い方に反映されます。本来の「忖度する」ではありませんね。相手の気持ちを推し量るのではなく、相手の相談事に対して、単純に

「世間一般のこと」を当てはめているだけです。

相談する人には、「この人なら話を聞いてくれる」という期待感、信頼感があります。

けれども、「〜なんて〜なもの」といった言い方をされると、上っ面の一般論を言われた、安っぽい扱いをされたと感じるでしょう。「私の話したいこと、ちゃんと聞いてくれていない」という思いになり、期待感も信頼感も消えてなくなります。

相談される人は「聞き役」なのですから、余計な話はしないほうがいい。

○「ええ、そうよねえ」

こんなひと言であっても、誠実に相手と向かいあっていることが伝われば、「この人に相談してよかった」と思ってくれるはずです。

人と人との「忖度の効果」、大切にしたいものです。

「世間なんてそんなもの」といった一般論でなく、相手の気持ちに寄り添った「そうよねえ」が効く。

2 好感度がアップする、「聞きたがり」の技術とは？

ある落語家の独演会で、会場にこんな「注意書き」がされていたそうです。

「オチを先に言うのは厳禁」

噺《はなし》が盛り上がり、いざ落語家がオチを言おうとしている直前に、客席から「濃いお茶が恐い」だの、「よそう。また夢になるといけね」だの、声をあげる人がいるらしい。

落語家とすれば、「やめてよ。それは私が言うセリフでしょ」と虚《むな》しくなるでしょう。

話を先回りしてオチを自分で言ってしまう人は、相手をガッカリさせます。

「家族で秋の京都に行ってきてね」と話し始めた人の先を越して、

×「紅葉がきれいだったでしょう。すごい人出だったでしょう」

と口を挟みます。そこで終わればまだしも、

「私は一昨年、女房と京都に行ったんだけど、嵐山で食べた湯豆腐、美味しかったなあ」

と、自分の話を挟みこむのです。

相手は、「僕の話の先を越えないでほしい」「僕が話したかったことを奪わないでほしい」と、泣きたい気持ちになっているかもしれません。

自分の話しかしない人、とくに、相手から話を奪って自分の話にしてしまう人は、人間関係の中で決して得する人ではありません。

好感度がよろしくありません。その人のまわりからは、頼りになる人たちが、知らずのうちに一人、二人……と離れていくのではないでしょうか。

○「京都へ行ったんだ。どうだった？　もっと話を聞かせて」

好感度が高いのは、相手の話を「聞ける人」です。

同調し、あいづちを打ち、さらに話を促す言葉を継げる人です。そうやって、話を盛り上げていきます。

「話したがり」より、「聞きたがり」のほうが、好感度が高いのです。

人の話に「自分の話」を挟みこむのではなく、相手が「話をしやすい」ように導く。

3 「話し上手」には気づかない、「聞き上手」のちょっとした気づかい

話の途中に入りこんできて、

×「だから〜なんですね」

×「つまり〜って言いたいの?」

×「要は〜ってことでしょ」

こちらの話の先を越して、ひとまとめに「こうなんでしょ」と結論づけてしまう人は困ります。小説家でもなく翻訳家でもなく、「要約家」とでも言いたくなるような人ですが、その「結論づけ」に腹が立つこともあります。

早合点して、しかも自分の先入観やら思いこみやらも交ぜて、「だから〜」「つまり〜」と要約しているのですから、たまりません。「いや、そうじゃなくて」と、にらみつけたくなります。

話が長くなって相手をイラつかせてしまったのか。けれども、「ひと口では言えない

話」もあります。その思いをどうにか伝えたいのですから、最後まで話を聞いてほしい。「聞く力」とよく言います。では、その「力」って何だろうと考えると、「忍耐力」ではないかと思います。

○「それで、どうしたの？」と、身を乗り出す。
○「それは大変だったでしょう」と、あいづちを打つ。
○「いい経験でしたね」と、共感する。

あいの手を入れながら忍耐強くつきあってくれる人には、気持ちよく話を続けられます。これが「聞き上手」です。

忍耐力とはいっても、せいぜい四、五分。苦行ではありません。ほんの少しの忍耐力で、いい人間関係が生まれます。

「だから」「つまり」で、話を結論づけない。
「ひと口では言えない話」に最後までつきあおう。

4 ケータイ電話の相手が大切か、目の前の相手が大切か

ケータイ電話の普及によってコミュニケーション手段はぐんと進歩し、幅も広がりました。ただし、困った事態も起こります。

人と直に会って話をしている最中に、ケータイにメールが入ることです。

「ちょっと、すみません」のひと言で、話が遮《さえぎ》られる。すぐにまた、こちらとの話に復帰してくれればいいのですが、メールへの返信を書いたり、電話の相手と会話を始める人もいます。

「私との話よりも、ケータイの話のほうが大事なのか」と、がっかりします。

中には、メールの返信を書きながら、「どうぞ今の話を続けてください」と言う人もいます。もしかしたら、こちらに気をつかっているのか？　けれども、社会人としての基本的なマナーが疑われ、逆効果になるのではないかと思います。

目はケータイに集中し、耳は話を聞き流している……そんな姿が、相手の目にどう映

るのか想像してみてはどうか。

人と実際に会って話をするときは、劇場や映画館の公演中と同じです。ぜひ、「携帯電話の電源は切りましょう」です。

もし電源を切り忘れていた場合でも、マナーモードにしておけば無視できます。誰から連絡が入ったのか気になってしょうがない場合でも、「お話を途中で遮《さえぎ》ってしまい、失礼しました」と、相手先を確認するだけにとどめ、ともかく目の前にいる人との話を優先したいものです。

相手から「どうぞ、携帯に出てください」と促されても、「いいえ、後で連絡しますので」と断るのが適切なように思います。

人間関係は、あくまでも「目の前の人を大切に」です。

携帯電話への対応は後回しにする。目の前にいる人との会話を優先する。

5 「わかります」「なるほど」の繰り返しは、「スルーしている」と思われる

相手の話に対して、「わかります」や「なるほど」というあいづちは、「あなたの話をよく聞いています。あなたの話に共感しています」の意思表示として便利です。ところが、

×「わかる、わかる」

×「なるほど、なるほど、なるほど」

同じ言葉を二度三度繰り返し、しかも早口でとなると、話を急かされているかのように感じ、緊張を強いられます。

人は大事な話をするときは、話し方がゆっくりになる傾向があります。

ゆっくり話している相手に、「なるほどなるほどなるほど」と早口で繰り返すのは、「忙しいんだから、早く話を終わらせてほしい」とアピールしているようなものです。

また、「ひと呼吸置く」といいますが、人がとくに「これだけはしっかりと伝えておきたい」という思いで、その話のキーワードを口にする前には、少しのあいだ沈黙する

傾向もあります。その間隙《かんげき》を突いて、「なるほどなるほどなるほど」と口を挟めば、話の呼吸が噛みあわなくなります。

「わかる」「なるほど」とあいづちを打ちながら話を聞くのはいい。けれども、そこにはリズムがなくてはなりません。相手がゆっくり話しているなら、こちらもゆっくりした口調を保つ。相手が沈黙したときは、こちらも言葉を挟まない。これがポイントです。

沈黙の後に相手が力をこめて、ゆっくりとした口調で話したときは、こちらも、

○「わかります。なるほど、そのとおりですね」

と、ゆっくり応じるのがいいでしょう。これで、「この人は、話がわかる人だ」となります。聞き上手な人は、相手との呼吸のあわせ方がうまいのです。

「わかります、わかります」と早口で繰り返すより、ゆっくりと力をこめて「わかります」がいい。

6 「あいまいな指示」では、部下は「びくびくしながら」になる

大阪で道を尋ねると、こんな答えが返ってくるそうです。「ああ行って、こう行って、あそこの角をな、左に曲がって、まっすぐ行けば、そこや」と。

その人はわかっていても、土地勘のないこちらには「ああ、こう、あそこ」だけではわかりません。これは大阪人に限った話ではありませんが。

東京の、しかもオフィシャルな場でも、「あの件ですが、どうしましょうか」と指示を仰ぐ部下に、「ああ、いい具合にやっといて。任せるから」と。

「任せる」と言われても、部下は不安になりますね。あまりにお手軽な言い方だったからです。「後になって、そんな指示は出してないよ」なんて言われやしないか……そんな気持ちがあると、仕事を進めるのも「びくびくしながら」になり、新たな迷いや悩みが生まれます。

指示を出すときは、できるだけ具体的にしたいものです。

できる上司というのは、「言い方ひとつ」で部下を安心させます。

「あの件は、△△さんとよく相談して、取り得る対策を文書にして、今週中に私に提出してもらえますか」といった具合にです。

具体的に指示を出すときは、５Ｗ１Ｈが基本です。「いつ（までに）」「どこで」「だれに（が）」「何を」「なぜ（そうするのがいいのか）」「どうするか」。加えて、「予算は（いくらで）」「個数、量は（いくつ）」です。

「いい具合にやっといて」と、あいまいな指示を出してしまうのは、上司は上司で自分の仕事に追われ、ほかのことに頭が回らないという事情もあるのでしょう。

そのときには、「この件については、夕方話しあおう。四時半から会議室で。予定はどう？」と先延ばしにしてもいい。そこで具体的な指示を出し、部下を安心させる方法もあります。

あいまいな言い方が、部下を迷わせる。具体的な指示で、部下は活発に動く。

7 「あいまいな言葉」が多いと、仕事もイイカゲンと思われる

あいまいな言葉づかいで、「結論を先延ばし」されるのは困ります。

「熟考させてもらいまして、お返事させていただきます」と言うから、

「返事は、いつごろいただけますか」と問い返すと、

「社内で検討いたしまして、それからです」。

まあ、こちらは「その気はないな」という気がします。だから、「この件は、別の人にお願いに行こう」と考えます。

ところが忘れた頃になって、「先日の件ですが、ぜひ、うちで採用させていただきたいのです」という返答がくる。「えー、もう遅いですよ」。

ふたつ返事で「採用します」と言えない場合もあるでしょう。いや、それが普通でしょう。「熟考する」のは大切です。「社内で検討する」のも、ありがたい。

けれども、「いつ頃までに返事します」と、答えを出す期限を示しておくのが得策です。

採用するかしないかは別にして、ともかく「結論はいつまでに」と伝えないと、せっかくのチャンスが逃げていくかもしれないのですから。

「期限を示す」とは、チャンスに首輪をかけておくようなものです。首輪をかけておかないと、そのチャンスはどこにいくのか、誰の手に落ちるのか、わかりません。少なくとも、自分の手に落ちることは、ほとんど見こめないのです。

「ゆくゆくは」「たぶん」「できれば」「いずれ」「そのうち」……など、あいまいな言葉が口ぐせのようになっている人もいますが、そういう人は、「仕事ができそうもない」という目で見られてしまうこともあります。

明瞭な言葉づかい、具体的な言い方のできる人が、いかにも「できる」という印象になります。

「ゆくゆくは」「いずれ」「そのうち」は、アテにされない言い方。締め切りの日をきちんと示す。

8 どっちつかずの「ビミョー」な返事が、相手を困らせる

私たち日本人には、「あいまいさ」を好む傾向があるかもしれません。「言葉を濁《にご》す」「煙に巻く」といった言葉もありますが、あえて、あいまいな言い方をすることが少なくありません。

友人を遊びに誘います。「今度の休日、テーマパークに行こうよ」。この誘いに友人は「テーマパーク？　正直、ビミョー（微妙）」。

行きたいのか、行きたくないのか、はっきりしません。本心では、行きたくない。でも、そう言ってしまったら、相手を傷つけるのではないかと思って、「ビミョー」という言葉で煙に巻いているのでしょう。

その配慮はわかりますが、このようなあいまいな返事も困ります。別の友人に声をかけていいのかどうか、迷います。

×「行けるようでしたら、行きますから」

×「やれるようだったら、やっときますから」
友人同士の会話だったらまだしも、仕事でのあいまいな返事は、信用を失います。
○「誘ってくれて、ありがとう。ぜひ参加させてください」
○「今日中は無理ですが、明日まで待ってくれるならやっておきます」
行けるなら行く、できないならできない。明確に伝えないと、相手は今後のスケジュールを組めません。
本当に「今は、はっきり言えない」ときは、「断る」のが相手への配慮となります。その場合でも、相手への「配慮ある断り方」が必要ですが、ともかく「ノーとはっきり伝えて」おけば、相手は迷わないで済みます。

気づかったつもりの「あいまいな返事」が、相手を困らせる。仕事では、「はっきり断る」ことが、相手への配慮になる。

9 「言った、言ってない」の言い争いを避ける方法

「△△さん、この前、～って言いましたよね」

いきなり言われても、すぐには思い出せない。私そんな話をしたっけ？　と首を傾《かし》げたくなるときがあります。ただし、そんなときに、

×「そんな話、オレはしてないよ」

と、すぐに反応してしまうのは禁物です。

実際に、「そんな話をしていた」かもしれないのですから。言ったことを「言ってない」と言い張って、後になって「言ってました」では、身の置きどころがありません。

○「ちょっと確認させてもらって、いい？」

あのときこういう事態になって、ああいう話題になって……と、当時の状況を遡《さかのぼ》って確認していくと、「ああ、確かにそんな話をしたなあ」と思い出すこともあるでしょう。

とはいっても、こちらの意図と、相手の理解が微妙に食い違っていることもよくあり

ます。そんな場合も、「誤解しないでほしいんだけど」と、相手を責める言い方は避けるのが賢明です。これもまた、「こう言った」「そうは言ってない」といった無益な言い争いに発展するケースが多いからです。

○「誤解があったら、謝るけど」

と前置きしてから、「私が言いたかったのは、そういう意味じゃなくて」と反論するのが、うまい手順です。

「悪くないのに、なんで私が謝るの」と思う人もいるでしょうが、ともかく「誤解させちゃったね。ごめんね」と言っておくことで、相手は聞く耳をもってくれるし、話は穏やかに、スムーズに進むのです。

「～と言ったよね」に即座に反論するのではなく、「ちょっと確認させて」と思い返してみる。

10 「あなたが悪い」という一方的な押しつけはやめる

イライラした感情は、ほとんどの場合、ごく身近にいる人に対して発せられます。職場の仕事仲間であり、家族であり、友人……など、日常的に親しくつきあっている間柄であり、どうでもいい相手ではありません。一緒に幸せになりたい、力をあわせて夢をかなえたい、そういう共通の思いをもっている相手に対してです。

だからこそ、可愛さあまって憎さ百倍、「どうして、あの人は」とイライラが止まらなくなるのです。

そういうことなら、その「あまった可愛さ」を少し削ってみてはどうか。

その場の感情にすぎないとはいえ、思わず放ったひと言で人間関係が壊れてしまうのは、うまくありません。

「可愛さ」が消え失せて、「憎さ」だけの関係になります。

そうなる前に「少し削っておく」ことが肝要なのです。そうしないと、すべての責任を相手に押しつけてしまうことになります。

×「あなたが悪いから、私がイライラするんじゃないの！」

私たちがよくやる失敗ですね。

こう言えば、必ず相手は「違う！　私は悪くない。自分のイライラを私に押しつけないでよ」と言い返し、らちのあかない言い争いが延々と続きます。

得られるものは何もなく、お互いに疲れ、イヤな思いが残るだけです。

これを避けるためには、こんな言い方がいいでしょう。

○「今の状態ってお互いによくないよね。どうしたらいいか、一緒に考えてみない？」

話しあいの土俵に引っ張り上げるために大切な言葉が、「一緒に考えよう」です。言い争うためではなく、話しあうための土俵にしたいものです。

イライラした感情を、そのまま言葉にしない。「話しあう」ためのキーワードは「一緒に考えよう」。

11 期待する答えを「誘導する質問」は、相手の心をかたくなにする

会話の中には、相手を説得したい、取りこみたい、気に入られたい、そういった思いからの、ある種の駆け引きが含まれるのは否定できません。

しかし相手が「どうやら、駆け引きしてるっぽいな」と感じたら、むしろ警戒心が生まれ、いわゆる胸襟《きょうきん》を開いた話しあいはできなくなります。

とかく相手の話をまとめたがる人は、無意識のうちにも「私は有能で、頭のキレる人間である」と見せつけ、自分が優位に立つための駆け引きをしている、そういうこともあるでしょう。けれども、その下心が透けて見えてしまうと、こちらは冷めた気持ちになってきます。「この人と、心が通いあうことはないだろうなあ」と。

誘導質問というのがあります。これは、相手から「してほしい答え」を引き出すための駆け引きです。

「そんな態度で、悪いことをしたって本当に思っているの？　反省しているんでしょ

う？　だったら謝らなければならないと思わないの？」

と、グイグイ詰め寄ってきます。こちらはシラケます。

「なんだ、オレに、すみませんって言わせたいだけなのか」

とわかると、意地でも謝りたくないと思います。そんな誘導に乗ってたまるか、と。

会話中に「質問する」というのは、本来、「私はあなたの話に興味津津です」というアピールであり、会話を盛り上げていくテクニックです。

ところが誘導質問されると、「もう声も聞きたくない」という気持ちになります。口もききたくありません。

「質問する」のは、本来の目的で使いたい。つまり、してほしい答えを引き出すために「誘導する」のではなく、相手の知識や能力を「引き出す」話法として活用したいものです。

「自分が優位に立つ」ための誘導質問はしない。会話は「質問」で盛り上がり、「誘導質問」でシラケる。

コラム　「同調圧力」が人のやる気を削《そ》ぐ

話し方において、同調圧力を利用するやり方も、ある程度は有効です。

「みんながんばっているんだから、あなたももっとがんばってくれよ」

「みんな辛い思いをしているんだから、あなただけじゃないんだから」

このように「みんな〜だから、あなたも〜しなさい」と。

こう言われると、「嫌々ながら従わざるをえない」心境になってきます。

しかし、あくまでも「嫌々ながら」です。やる気も意欲も、小さくて弱い。

人のやる気や意欲を本当の意味で導きだすには、どうするか。

「圧力ある話し方」ではなく、むしろ「圧力から解放してあげる話し方」が効果的です。

第六章

共感される言い方
傷つけてしまう言い方

1 「あなたを見こんで」というニュアンスを伝える

人にものを頼むときには、相手のやる気を引きだす言い方をしたいものです。まずは相手の力量を信頼する、時には相手の自尊心をくすぐる、ちょっとオダテを含めた話し方で、がコツになります。

×「君には荷が重いかなあ？　これ、できますかねえ？」

×「あなたにはまだ早いけど、これやってみて」

これは悪い例です。知識や経験が浅い人に対して、上司やベテランといった人たちが、上から目線でこんな言い方をすることがありますね。

これでは、やる気は出ない。「テキトーにやっとけばいいや。どうせ信頼されてないんだから」と、これは部下の「心の声」です。

さて、部下の「心の声」にどう応えるか。

○「君の能力を見込んで、ぜひ頼みたいことがあるんだけどね」

○「あなたは、このジャンルに詳しいよね。だから、お願いします」

「あなたを見こんで」というニュアンスを伝えられれば、成功です。人には「期待されれば、その期待に応えようとがんばる」という心理傾向があることが確かめられています。


「君にしかできないと思うから」

「あなた以上に詳しい人はいないから」

「あなたは、途中であきらめるような人じゃないから」

など、相手への期待感が届くことが肝心です。

「ちょっと心配」「大丈夫かな?」と思っても、それは表に出さず、期待をこめた話し方をする。相手は予想以上の成果を出してくれるでしょう。

余計なひと言が、不信感を誘う。ものを頼むときは、期待感を届けるつもりで。

2 信頼関係づくりは、「話しあう」ことから始まる

悩みごとを打ち明けられ、それに対してアドバイスする。

そのときに私たちがよくやる失敗は、「それは違う」「こうしなさい」と、知らず知らずのうちに「押しつけ」ていることではないでしょうか。

スポーツ競技の世界で知られている、ある名コーチは「それは違う」「こうしなさい」といった強制的な言い方は、意識して「避けている」そうです。

「そのやり方は間違っているよ。だから、いつになっても結果が出ないんだ。こうしなさい」といった言い方を、相手は望んでいない。悩みを相談するときは、必ずしも「結論を言ってほしい」と願っているわけではないからというのが、その理由です。

では、選手は何を望んでいるのか。「話しあいたい」のです。話しあっていく中で、自分なりの発見をして、納得したいのです。

ですから名コーチは、「あなたが結果を出せないのは、こういう理由からじゃないか

な。私が思うに、こういう方法を試してみたら、どうだろう？」といった話し方をします。

「違う、こうしなさい」では、そこで会話がストップします。断定的な言い方はせずに、「私が思うに〜じゃないかな」「こういうやり方もあるけどどうだろう。あなたはどう思う？」と、選手に問いかける話し方をする。そこに会話が生まれます。

信頼関係は、会話を重ねていくことで醸成《じょうせい》されます。そして人は、信頼できる人の言葉を信じ、実行しようとします。

相談される立場にある人は、往々にして「こうしなさい」と断定的な結論を与えてあげないと、相手は納得しないと考えがちです。

しかし相手が納得するためには、「話しあう」ことから始まるのです。

「こうしなさい」で会話はストップする。問いかけて会話を続けると、相手は納得する。

3 「ねえ、どう思う？」は、「会話したい」の意思表示

「どうしたら、いいと思う？」と、とくに女性が男性に語りかけるときは、無意識のうちに「会話をしたい」といった傾向があるようです。

ところが男性は、「彼女はオレから、こうすればいいじゃないかと言ってもらいたいのだろう。オレのひと言を、迷いを吹っ切るためのキッカケにしたいと思っているのだろう」と思い違いをする場合が少なくありません。

「最近、朝活に参加する人が増えているんだって。私も出勤前に勉強会に通って朝活してみようって思うんだけど、ねえ、どう思う？」

「やりたいなら、やったほうがいいよ。僕は、そう思うけど」

男性は、そう言って背中を押したつもりですが、女性は「え？　それだけ？」と、気が抜けてしまいます。不満が残ることもあるでしょう。

女性は、もっと話を続けたいのです。男性との話し合いの中で、自分が納得できる答

えを見つけて、「よし、朝活を始めよう」と決心したい、行動を起こしたいのです。ですから男性には、女性が自分で決心するまで会話につきあおうとする態度と言葉が必要です。

「どうしたらいい？」と聞かれたら、

「朝活は、いい刺激になるっていうよね。朝活を始めてから、仕事への集中力が高まったっていう人も多いんでしょう？」と。

朝活については、女性は半分その気になっていろいろな情報も得ているでしょう。話したいことはたくさんあるはずですから、「朝活って～なんでしょう？」と前向きな質問を重ね、女性に答えさせるのが、うまい方法です。少しずつ話がはずみ、女性は自分の意志で、自然に結論に到達するでしょう。

相談されて、最初のひと言で「結論を出す」。これほど稚拙《ちせつ》な会話はありませんね。

すぐに結論へ導くと、そこで会話は止まる。共感しながら質問を重ね、会話を深めていく。

4 「へたな同情」をすると、かえって人は傷つく

「へたに同情されると、かえって傷つく」「同情と共感とは違う」、このような話をよく聞きます。

×「大変ね」
×「お気の毒に」
×「かわいそう」

「同情」も「共感」も、どちらも相手のつらさ、苦しい状況に寄り添おうとする、心づかいのある言葉であるには違いありません。

しかし寄り添いながらも「同情の言葉づかい」には、どこかに微妙な距離感があり、「私まで厄介《やっかい》ごとに巻き込まれたくない。余計な頼みごとをされても困るし」と、身を離している感があります。

その微妙な距離感から、「なんだか哀れな人だと見下されているようで、かえって傷

つく」ということなのでしょう。

一方で、相手に寄り添いながら「一緒に力をあわせて、どうにかしましょう」という、一体感を醸《かも》し出せるのが「共感の言葉づかい」ではないかと思います。
○「大変ね。一緒に考えてみましょう」
○「お気の毒に。力になりますよ」
○「かわいそう。私にできることある?」
つまり、もう一歩踏み込んで相手に寄り添えるかどうか。それが、「同情」と「共感」の分岐点になるのでしょう。

部下や同僚、友人や家族、親戚は決して赤の他人ではないのですから、もう一歩踏みこんでゆく「勇気」は心の中にもっておきたいものです。

同情で少し寄り添うだけでなく、もう一歩踏みこんでみよう。

5 「よくあること」は、慰めの言葉にならない

慰めになるようで、慰めになっていない言葉に、

×「よくあることじゃないの」

があります。これまた大阪の人を喩《たと》えに出してしまいますが、たこ焼きにタコが入っていないので文句を言うと、店員さんはこう答えたそうです。「まあ、よくあることやな」。そう言われても、客は納得できませんね。

「上司からひどいこと言われて、落ちこんじゃって」と、同僚に悩みを打ち明けられ、「よくあることじゃないの」と反応する。同僚は、「よくあるって、ガマンしなさいってことなの？　もう私、ガマンの限界なんですけど」と、さらに追いつめられた気持ちになっていくのではないでしょうか。

悩みを打ち明けられたときに大切なのは、「まずは共感する」、そして「最後まで耳を傾ける」、さらに「一緒に、いい解決策を考えましょう」という姿勢を見せる。

この「三つのこと」をしっかり発信することが肝《きも》です。

○「そんな人が上司だとつらいわよねえ。どうしたらいいんだろう？　私も、あなたの立場になって考えてみるから」

この言い方で「三つのこと」は満たされます。相手に、大きな慰めが届くことは間違いありません。

世間ではよくあることであっても、その人にとってはその人自身の問題なのであり、その人なりの思いや言いたいこともたくさんあるはずです。「よくあること」といったひと言で、割り切れるような問題ではありません。

その深い思いに寄り添って、耳を傾ける。それが「慰め」になります。

人の悩みに「割り切った言い方」をしない。悩みを打ち明けられたときは、「三つのこと」で対応する。

6 話を盛り上げるコツは、「共感」と「質問」がキーワード

楽しい会話をするために大事なのは、「共感」と「質問」です。

これが、親子での会話、友人同士、上司と部下、同僚、親戚、男と女……など、あらゆる人間関係に共通するキーワードのように思います。

×「やりたいんだったら、やれば」

といった言い方には「共感」も「質問」もありません。どこか突き放した、冷たい感じがします。このひと言で、会話はストップします。

会話を進展させたいのであれば、

○「なるほど、面白そうだね」

○「その気持ち、よくわかるわ」

○「すごい、素晴らしいじゃないか」

こんな共感する言葉に加えて、相手の話をさらに促すための質問をします。

○「もっと詳しく教えて?」
○「それで、どうなったの?」
○「次は何をするつもりなの?」

「共感する」のは、こちらが相手と同じ目線になって、その相手に好意を抱いているというメッセージになります。

「質問する」のは、こちらが相手の話に興味津津であるというメッセージになり、相手の話し口調もはずんでいきます。

この共感と質問に、「適度なしぐさ」を交えると、さらに効果的です。

「表情は明るく、大きくあいづちを打って、瞳を輝かせて相手を見る」です。

目をあわせることもなく、無表情でうなずきもせずに、「なるほど、それで?」といったところで、好意は伝わりませんね。

突き放したような言葉づかいで、会話はストップする。
前向きな「あいの手」を入れて、「話しやすい」環境をつくる。

7 「がんばれよ」は励ましなのか、叱責しているのか

「がんばれよ」と励ましてもらったけれど、なんだか嫌味を言われているような気がした、叱られているように思えた……。

正直な思いかもしれません。この言葉の裏に「今、がんばってないじゃないか」といった嫌味や叱責が隠れているように感じてしまうのです。

上司、親、年上の人、とかく上の立場にいる人が口にしたがる「がんばれよ」ですが、この言葉を安易に使うのは控えたほうがいいかもしれません。

けれども、ちょっと言い方を換えると、印象はだいぶ違ってきます。

×「がんばれよ」

○「がんばってるね」

「れよ」といった命令口調ではなく、「がんばってるね」と同調すれば、これは「ほめ言葉」になります。「さすがだね、辛抱強く、よくやってるね。感心だね」といったニュ

アンスが出て、嫌味や叱責を感じることはありません。

×「元気でやれよ」

○「元気にやってるね」

これも命令口調で「やれよ」では、励ましにはなりません。

相手も「よし、元気を出そう」とは思えないでしょう。そこに嫌味や叱責を感じ取ってしまうと、逆に元気を失っていきます。

「ほめて、励ます」のがコツです。この言い方なら、相手は「もっと努力しよう」と考え、前を向くでしょう。相手に「疑念を起こさせない」ことが肝要です。

「命じて、励ます」のは、これと逆の結果になります。

命令口調の「励まし」は、逆効果になる。
「ほめて、励ます」と、相手は元気になる。

8 言い方ひとつで、わが子の自己肯定感が上がる

「自己肯定感」というのは、自分がもっている能力をポジティブに受け入れて、

「私は多くの人から喜ばれる活動ができるはずだ」

「私なら、有用な人間として世の中のために役に立つことができる」

このように積極的に考えられる精神状態を言います。

つまり、自分への自信。これをもっていてこそ、前向きな希望が生まれます。困難なことに直面しても、ねばり強く乗り越えていけます。

人生全般において、「幸せになっていく」ためには欠かせない資質ともいえます。この自己肯定感が、日本の若年層で低いとのことです。ちょっと残念ですね。

これは、幼児期における親との会話、とくに母親との交流が影響しやすいといわれています。現在の、仕事をもっているママさんたちは、仕事のストレスからつい否定的な言葉を子供に投げかけてしまうことがあるかもしれません。

×「こんなこともわからないの」
×「こんな簡単なこともできないの」
イライラしてわが子に当たり、つい口から出てしまう。これは、わが子の自己肯定感が十分に育たない原因になりやすい。たとえ簡単なことでも、
○「それ、難しいのよね。なかなか、うまくいかないのよね」
と、まず共感です。できたときは、
○「すごいじゃない。がんばったわね」
と、大いにほめてあげる。

このような会話を重ねてゆくことで、わが子の自己肯定感は醸成されていきます。

小学校の低学年のころまでは、「叱る」よりも「ほめる」ほうに重点を置いた育て方が大切なように思います。

できないことにも共感し、できたら「ほめる」。
「叱る子育て」より、「ほめる子育て」を。

9 困ったときほど、「共感する」言い方が効く

うまくいかない、怒鳴られる、動揺していっそう追いつめられる、そこからなかなか抜け出せない。そんな経験はありませんか。

怒りに満ちた荒っぽい言い方は、相手を惑わさせるだけです。

×「どうなってるんだ。どうするつもりだ！」

当たり散らしたところで、問題が解決するわけではありません。相手はますます取り乱して、仕事が手に着きません。

○「確かに困った状況ですね。さて、どうすればいいかなぁ」

大切なことは、怒りを表すことではなく、「共感する」ことにあります。

身近な人から自分の気持ちや状況について「共感してもらった」とき、次のような心理効果が表れます。

わかってもらった安心感から、ストレスが軽減される。

心が落ち着き、物事を冷静に考えられる。

自信が戻り、困難にも立ち向かっていける。

共感してもらってこそ、的確な対応を取るための「心の準備」ができるのです。

トラブルが起きたときにやるべきことは、「共感する」ことです。部下の気持ちに共感できる上司は、適切なトラブル処理ができます。怒鳴り散らして怒りをあらわにする上司は、部下を追いつめるだけです。

旅先で道に迷ったときに、連れから「困ったわね。どうしましょうか」と声をかけてもらえれば、それだけで気持ちは和《なご》みます。「どうすんのよ。あなたが道を間違えたんだから、なんとかしなさいよ」と怒鳴られたら、滅入るばかりですね。

このような心理のやりとりは、旅先や仕事場に限らず、どんな関係性の中でも起きています。まず「共感する」ところから始めてみてはどうですか。

相手を責めて困惑させるのではなく、共感する言い方で落ち着かせる。

10 つきあいが悪い部下にも、それなりの理由がある

「最近の若者は酒のつきあいが悪く、誘ってもついてこない」という上司のボヤキをよく聞きます。「アルコールハラスメント」という言葉もあるらしく、むりやり酒場に連れ出そうとしても、きっぱりと断られるのだそうです。

たまには部下と飲みに行きたい。職場から離れて、職場ではできない話を部下としたい……上司には、そんな気持ちもあるのでしょう。

種々のアンケート調査などを見ると、部下の立場にある人たちも、初めから上司と飲みに行くのを嫌がっているわけではない。

「たまには上司と酒でも飲んで、人と人としてのフラットなつきあいをしたい」と望んでいる若手社員もあんがい多いことがわかります。では、なぜ上司から酒場に誘われると、「いや、今日はちょっと」と断るのか。

×「だから、おまえはダメなんだ」

×「オレが若かったころは……」
×「まだ結婚できないのか。情けないなぁ」

酔いの入った上司から、こんな言われ方をされたくない。つまり、「説教くさい話は聞きたくない」「昔の自慢話など聞きたくない」「面白半分でイジられたくない」といった理由があるようです。酒場の会話でも大切なのは「共感」と「質問」です。

「最近、苦戦しているみたいじゃないか。入社三年目が一番キツイんだよなあ、責任の重い仕事が増えてきて。とくに君は責任感が強いから、ストレスも大変だろう。どうだ？　私に何か聞きたいことはないか？」

共感と質問から、部下が望んでいる「フラットな会話」が進展します。

「酒場で部下を教育しよう」は、ダメな上司。酒場でも「共感し、質問し、励ます」上司が好かれる。

11 「声かけ」のうまい人は、相手が「答えやすい質問」をする

いい上司は「声かけ」がうまく、部下にちょくちょく声をかけては会話のきっかけをつくります。そうやって意思疎通を図っているのでしょう。

会話が飛び交う職場は風通しがよく、活発に意見を出しあい、しかも組織としてのまとまりもあります。

この「声かけ」、簡単なようでいて、あんがい難しいものです。

「最近、どう？　順調？」

こういう漠然とした質問は、よくない声かけです。「どう？」と聞かれても、部下はそれこそ「どう答えたらいいか」わかりません。

お勧めしたいのが、「ほめて質問」の声かけです。

「取引先への君の提案書、抜群だったね。面白い仕事に発展する予感がするよ。ところで取引先の△△さん、どんな反応だった？」

ほめ言葉で「声かけ」することによって、その後の会話がはずみます。

これには、部下の嘘やゴマカシといったものを予防する効果もあります。

もしも取引先の反応がイマイチだったとしても、部下は、ほめられた安心感から正直に報告します。そうすれば「改善点を見つけて、再提案してみてはどうだ？」と、的確なアドバイスもできます。

「どう？」「順調？」だけでは、部下は「ええ、まあ」とうなずきながら、うまくいっていない状況を報告することもなく、なんとなくのスルーをすることもあるでしょう。

もうひとつ、「質問は具体的に」です。漠然と「どう？」では、やはり「ええ、まあまあ」で会話は終わってしまいます。部下に「答えさせる」ためには、部下が「答えやすい質問」でなくてはなりません。それが「質問は具体的に」の意味です。


漠然とした「声かけ」では、会話が止まる。「ほめる声かけ」「具体的に聞く」と会話は続く。

コラム 「がんばってね」の声かけは慎重に

幼稚園の運動会で幼児たちが走っている姿を見て、「がんばれ、がんばれ」と応援することに違和感はありません。ところが職場で、後輩が先輩に「がんばってください」と言うと、少し違和感が生まれます。なぜか?

「がんばる」には、「能力のない者が能力以上のことをしようとする」といった含意があるからです。先輩は「能力のない者」ということになりますから、ムッとにらまれてしまうことがあるかもしれません。

残業している同僚に「さようなら」の意味もこめて、気軽に「じゃ、がんばってね」と声をかけるときも、相手が後輩であってこそスムーズに伝わります。相手が先輩だったら、「では、お先(に失礼)しまーす」ぐらいが穏当だろうと思います。

渋谷昌三（しぶや　しょうぞう）
目白大学名誉教授。文学博士（心理学）。人が発する「なにげない言葉」や、しぐさ、くせ、服装やおしゃれグッズ、髪型などの「外見」から、その人の深層心理を追求する独自の人間観察学を開拓。現代心理学の成果を、恋愛関係、職場の人間関係、親子・夫婦関係、友人関係などに応用し、その関係性を深めていくための方法を紹介した著書、多数。
『人を傷つける話し方、人に喜ばれる話し方』『「叱る人」より「ほめる人」』『感じのいい話し方　悪い話し方』『いつもうまくいく人の小さな習慣』など。

嫌《きら》われる人《ひと》の話《はな》し方《かた》、好《す》かれる人《ひと》の話《はな》し方《かた》

2024年７月29日　初版発行

著　者　渋谷 昌三

発行者　鈴木 隆一

発行所　ワック株式会社
東京都千代田区五番町4-5　五番町コスモビル　〒102-0076
電話　03-5226-7622
http://web-wac.co.jp/

印刷製本　大日本印刷株式会社

ISBN978-4-89831-977-2